あなたに奇跡を起こすヒーリングバイブル☆

自分の病気は自分で治す!

佳川奈未

Nami Yoshikawa

ビジネス社

希望の「まえがき」
〝あなたのすべては、だんだん良くなる〟

最強のドクターはあなたの中にいる！
いまこそ、自分を助けるとき

この本は、あなたの心と体と魂のすべての領域がすっかり健康になり、よろこびから生き、本当の幸せと豊かさを叶えるためのものです。

健康……その「宝物」さえあれば、もう何でも食べられ、自由に動け、やりたいことを自由にやれる！

そんな毎日をおくるためには、絶対に、健康かつ健全に自分をケアし、守る、愛ある協力が必要不可欠です。

この本を手にとってくださった人の中には、いま現在、心や体のどこかが不調であったり、病気で苦しんでいたりする人がおられるかもしれませんね。また、それが長年続き、辛い思いでいる人もいるかもしれませんね。

しかし、もう、安心してください。あなたは、ここからよくなります！

というのも、自分でつくった病気なら、自分で治すことができるからです！

病気を克服し、復活した私がいま思うことは、病気というのは、心と体と魂に〝ストレスや負担〟がかかり過ぎたこと、〝不調和〟な状態が続いたこと、そして、〝不自然な生き方〟をしてきたことが、集大成のような形で表に現われたようなものだということです。

それゆえ、日々の暮らしの中で、そういったことをしがちな思考や行い、生活習慣を改め、ストレスや負担を減らし、「無理をしない生き方」をしていくことが大切です。

そうすれば、自分が自分にしているまちがいを正せ、薬になど頼らなくても、医者になどかからなくても、すべてがみるみる良くなり、元気になっていけるものです！

私は、それを、身をもって経験しました。
そう、あの日、医師から、「一生、治りません」と言われた状態から、健康のある幸せを取り戻したのです！

ちなみに、本書でめざすのは、「治療」ではなく、「治癒」です！

「治癒」とは、人の内側で起こるものであり、大いなる宇宙とつながり、サポートが与えられているものです！　一方、「治療」は、外からの刺激による、人為的なものです。

その、どちらがいいのかというと、もちろん、「治癒」をめざすほうがいいわけです！
それこそが「自分で治す」ということだからです！

しかし、ときには、一時的に医師の人為的な働きかけや医学的サポートが必要になることもあるかもしれません。治るための途中経過にそういったものが入る必要があるのだとしたら、そのときはそれも然り。

結局、何をどういじろうとも、その本人の中で「治癒」が起こるから、「治る」ということになるわけですから。

さて、本書では、病気をきっかけに、仕事を失い、道を失い、自分自身さえも見失っていた絶望的な状態から、どうやって私が気持ちを切り替え、行動を起こし、生活をあらため、自己ケアし、「治癒」を叶えたのかについてお伝えしています。

また、その中で知り得た大切な〝心と体と魂の調和の法則〟や、〝復活と再生のしくみ〟についても、惜しみなく！

読み進めるうちに、きっとあなたも、元気な自分を取り戻すための自信と、人生の希望、生きる勇気に、満たされるでしょう！　そうして、「よし！ 自分で治してやろう！」という、前向きで、よろこばしい衝動にも駆り立てられることでしょう。

そのとき、すべてが好転します！

そして、きっと、奇跡は起こります！

というのも、最強のドクターは、あなた自身であり、その魂は、「治す方法」をはじめからちゃんと、知っているからです！

２０１９年　６月

ミラクルハッピー　佳川　奈未

Contents

希望の「まえがき」……2
〝あなたのすべては、だんだん良くなる〟
最強のドクターは、あなたの中にいる！　いまこそ、自分を助けるとき

Chapter 1

生き方の修正☆からだを癒す必須条件

……心の悲鳴は、体の悲鳴☆そこにある負担をなくすために

痛みというサイン☆それはすべてを物語る……20
辛いことはやめなさい☆
体は、ちゃんと異変を知らせてくれている！
あなたの体は、いつも正しい！……26
医者はまちがえることもある!?　が、
あなたの体は何ひとつ間違えない！
過労と過度のストレスは、大敵！……31
病気をつくったのは、この私☆
自分しか、自分を止められない

Contents

人が、バランスを崩すとき　34
好きなことでも、無理は禁物☆
心と体は、アンバランスを嫌うもの

目覚めの言葉　37
ハイアーセルフが教えてくれたこと☆
それは、魂からのメッセージ

心と体と魂に、優しい生き方をする　40
もう、無理なんかしない
自分を癒す！ 生活をあらためる！

「いったん、仕事をやめる」という、選択　44
働く人間にとって、それが意味するものは、
「社会から消える」ということ!?

一生、治らない!? それを、くつがえす　51
そんな不本意な怖い言葉の
「呪《のろ》い」にかかってはいけない！

薬《クスリ》は、逆から読むと〝リスク〟になる……56
体は、薬を歓迎しない
それに対する抵抗を「副作用」にして出す
パニック障害☆それは、逃げ場のない人生で起こる……60
もう、なにもごまかさないで！
体と心は、本気で助けを求めている
救われるきっかけ……63
神はこうして現われる☆
人生が良くなるとき、新たな人がやってくる！
〝安心する練習〟をする……68
たったこれだけで、心は力を取り戻し、
体はすっかり癒され、復活に向かう！
運命が変わるとき……75
予想もしなかった出来事が、
〝自分を救う決心〟をさせることがある

Chapter 2

ここから復活する☆完全治癒の法則

……良くなるために、神が計画した〝素晴らしい領域〟に入る

自分の病気は、自分で治す！ 82
もう、薬なんか、いらない！
かわりに、私が自発的に取り入れたものとは!?

義務で食べるのを、やめる 89
好きなものを食べられる幸せに出逢うと、
心も体もぐんと元気になる♪

食べたいものは、体に聞く！ 93
セレクト・フリーのあり方が、
なにかと調子を良くしてくれた！

〝よろこびあふれる食生活〟という奇跡 98
アトピーを治した医者のやり方☆
そこには、むしろ自然な食生活があった

太陽パワーをあびる　102
万物を生かすエネルギー、太陽☆
その光がくれる復活力は、すごいもの！
おなかをいたわる　107
神経を使うのをやめ、リラックスする☆
そして、もっと内側をあたためる！
ぬいぐるみという、癒しグッズの効用　110
夜は、優しい気持ちで眠り、
朝は、うれしい気分で目覚める♪
なぜ、うつ病・パニック障害になったのか!?　115
心が病んだ〝隠された原因〟を紐解《ひもと》く☆
そこには必ず「喪失」がある
ホリスティック医学☆それは、すべてを癒すこと　119
完治するために、
いま、〝わかっておきたいこと〟とは!?

Contents

レイキ・ヒーリングという魔法……126
宇宙とつながり、すべてを好転させる！
「エネルギー・ヒーリング」という療法

いっそ自由に遊んでいて、いい♪……130
あまり深刻になり過ぎないこと☆
楽観するほど、みるみる良くなる！

幸運のきっかけをくれたキーマンとの出逢い……134
宇宙は、〝治りたいあなた〟を、
〝治る場所〟へと「招待」してくれる

Chapter 3

奇跡のもと☆植物の魔法パワー

……大自然の神秘だからこそ、叶う☆すべてを癒す偉大な働き！

シンクロシニティ☆偶然という必然！……140
それは、魂が惹き寄せた!?
救う人と救われる人がつながる瞬間

治癒力アップに効果的なものとは!? 143
神秘の力「アロエベラ」は天の恵み！
奇跡の植物だからこそ、できること
肝心なのは〝ホメオスタシス機能〟 147
恒常性が、その人の内部環境を
「元の正常な状態」に戻してくれる！
弱ったままでは、快復できない！ 150
完全治癒へ向け、エネルギーを高める☆
すると細胞力もアップする！
薬では、心と体は養えない 155
薬は、一時的に症状を抑えるだけで、
病気はそこにまだ潜んでいるもの
「栄養のある食べ物」と「消化できる胃」 158
あなたが元気でないとき、胃も元気でない☆
消化できるパワーを持つ人になる！

Contents

Chapter 4

よろこびの中で生きる☆自然治癒力の魔法
……つながりを取り戻すとき、あなたのすべてが復活する！

自分にぴったりな方法を、みつける！ 161
心がよろこぶ方法を取るとき、
体はあなたの信じたものを通して、治る！

〝治療〟ではなく、〝治癒〟を起こす 165
外側ではなく、内側から復活する！
それが元気な自分に戻れる秘密

戦うのをやめたとき、辛いことは終わる 170
どんな状況も、みかたにすればいい☆
そのとき、運命は好転する！

甦《よみがえ》りの旅☆伊勢・熊野・高野山 175
神様から、もう一度「命」をいただく！
同行二人☆その旅路の不思議

人との絆が、生命《いのち》をつなぐ……182
かけがえのない大切な人たちが、
進むべき道をそっと教えてくれる

治ったらしたいことを、いまやる！……186
〝よろこび〟に生きる☆
それこそが、最もシンプルな復活の方法

もっと、光を取り入れる！……190
うれしくなる日常を過ごすほど、
心と体と魂と人生に奇跡が起こる♪

エネルギーをくれる人と、会いなさい……195
一緒にいて、ほっとする人、楽しい人、
元気になれる人は、誰ですか？

自分を優しくいたわる……199
セルフケアをすることで、
心も体も魂も、人生までもが、甦《よみがえ》る！

Contents

もう、なにも恐れなくていい …… 203
忙しいから病気になったのではない☆
隠された「恐れ」が病気を招いた!?

もう一度、輝きを取り戻す！ …… 208
失われた自己を取り戻すとき、
あなたは再び輝く人になる！

幸せに「ウェルネス」を生きる …… 211
そのままのあなたでいい☆
そのときすべてがパーフェクトになる♪

感謝をこめた「あとがき」 …… 217
〝あなたのすべては、守られている！〟
辛い経験の中にさえ、尊い宝物がある☆
その価値に、人はちゃんと気づくもの

佳川奈未　最新著作一覧 …… 220

Chapter 1

生き方の修正☆からだを癒す必須条件

心の悲鳴は、体の悲鳴☆
そこにある負担をなくすために

痛みというサイン☆それはすべてを物語る

辛いことはやめなさい☆
体は、ちゃんと異変を知らせてくれている！

ゆったりとした時の流れの中、ようやく私は本来の〝自分自身〟を取り戻し、自由に動ける体と、再び本を書けるよろこび、好きな仕事、ファンとともに旅行やイベントを叶えられるほどの元気を持てるようになりました。

ついでに、毎朝、たっぷり1時間かけてとる朝食タイムと、必要なだけ休息や余暇をとれる生活スタイル、家族や仲間を大事にしながら暮らす生き方も。

その、**心と体と魂に優しい〝おだやかな人生〟のきっかけをくれたものこそ、病でした。**

そして、わかったことは、「病」こそが、最良最善の生き方を教えてくれ、それまでよりも充実した人生を叶えさせてくれる、神様からの贈り物だったということです！

＊

あの日、私は、倒れた。息もできぬ強烈な心臓発作の一撃によって。それは、仕事から仕事へと移動中の車の中でのことでした。

助手席に座っていた私の異変に、運転していた秘書はすぐに気づき、慌てて、病院へとハンドルを切ったのです。幸いにも、車は大学病院のすぐそばを走っていました。

病院に入ると、すぐに検査がなされました。そして、医師は告げました。

「このまま入院してもらいます」と。

私の体は、危うい状態でした。心臓に血液を送るという重要な働きをする三本の冠動脈のうち二本が完全に閉じていたのです。

しかも、最も細い残りの一本も激しく痙攣《けいれん》していて、もう、いつ、その最後の一本が閉じてしまってもおかしくない、危険な状態だったのです。三本とも完全に閉じてしまうと心臓に血液が送られなくなるということでした。それは「死」を意味していました。

そのまま「緊急入院」となった私は、ＩＣＵ（24時間連続監視体制の集中治療室）に入れられたのです。体には何本かの管がつけられ、絶対安静でした。

容赦のない激痛が何度もやってきていて、「このまま死んでしまうのではないか」という大きな恐怖に襲われました。

いったい、何でこんなことになってしまったのか？　私の体はいつからおかしくなっていたのか？　いったい私はどうなる？

……命の終わりは、突然やってくる！

そのことに病院のベッドの上で気づいても、遅いのかもしれません。

しかし、それでも、心は必死で叫んでいました。「神様、生かしてください！ 子どもたちを残して、ここで死ぬわけにはいかない！」

人は、自分のためだけに生きているのではないのかもしれない。きっと、自分以外の必要な誰かのためにも、生かされている！

そう思ったのも、無理はありません。死と直面したとき、私は、自分が死ぬ怖さより、家族を悲しませたくないという、かばいたい思いが強烈に湧き上がってきたのですから。

それにしても、倒れたことが悔やまれてなりませんでした。なぜなら、私は体の異変を、本当は、もっとずいぶん前から、感じていたのですから。それは、最初、ほんの小さな「あれ？」という程度のものでした。

まさか、それがここまでひどい状態になるとは……。

「宇宙は最初小さく、だんだん大きく、徐々に神秘のベールをはがす」ものです。その人が充分に受け入れるだけの余裕を持って、異変を報せてくれる……。ちょっとずつ、人がそれに向かう準備や覚悟ができるような流れで、ゆっくりと。体のことについても、まさにそうでした。

それがどんなことであれ、宇宙も体も、突然、怖いことを告げにはこないものです。
そう、ちゃんと、小さなサインを、これまでに何度も見せてくれている……。
それなのに、それを気のせいにして片付けたり、知らん顔をして通り過ぎさせようとしたことで、「何回言ったらわかるの！」と、しまいにはドーンとくることになるわけです。

やられるまでわからない……こんな人が他にもいるのかもしれない……。

私の場合、体は、「ほら、ここが痛くない？」「なにかおかしいでしょ？　このことに気づいて！」「この痛みは今回だけのことではない、もう何度かきているよね？」「どうする？　いつ、医者にかかるの？」と、サインを送ってきていました。異変に気づいてほしいというかのように、何度も、何度も！

ああ……わかっていなかったわけではない……むしろ、誰よりも、そのことを気にしていたはず。でも、医者に行く時間もないほど、私は忙しかったのです。そのいい訳を病院のベッドの上でしたところで、どんな正当性があるだろうか……

覚えておきたいことは、体は、何もないのに痛みなど送ってこないということです。痛みや何かしらの異変には、いつも重要な意味が込められている！

私自身、そのサインを、小さいうちからキャッチしていました。それゆえ、後悔は大きかったものです。「あのとき、もっと用心できてさえいれば！」と。

けれども、そのサインは、私自身によって無視され、理由のわからない痛みとともに、時間だけが過ぎていったのです。

あなたの体は、いつも正しい！

医者はまちがえることもある!?が、あなたの体は何ひとつ間違えない！

体からのサインとその警告を、最初、私はあまり深刻には思っていませんでした。初めのうちそれは〝起こったとしてもすぐにおさまるもの〟でしたから。「疲れているせいに違いない」と自分に言い聞かせ、むしろ、〝気にしないように〟していました。「そのうち、なくなるだろう」と、軽くみて。

しかも、毎日すべきことが山のようにあったし、ときおりやってくる痛みになど、いちいち向き合っている暇もありませんでした。それゆえ、忙しいことを理由に、病院へ検査に行くことなど、後回しにし続けていたのです。

仕事を持つ人間なら、誰でも、そうかもしれません。いちいち自分の体調不良ごときで、大事な仕事を休んだり、遅らせたりすることなど、あってはいけないと、他の人に迷惑をかけることなど、タブーだと。

どこかが痛いという程度なら、無理してでも仕事をすべきだと、そんな状態が、もはや〝あたりまえ〟のようになっているものです。

しかし、**いまだから、わかることは、「好きな仕事ができるのも、この体あってこそであり、健康あってこそ！」だということです。**

それを多くの仕事人間たちは、忘れてしまわなくてはならないほど、きっと、誰もが毎日、仕事と時間に追い立てられているのでしょう。

体にムチを打ったところで、走るのが辛い状態なら、走ることさえできないというのに。

そうして、**体は、痛めつけた分だけ、攻撃してくるものです。「これ以上、辛いことを私にしないで！」と反論するかのように。**

あの日、私を完全にノックアウトしたあの一撃は、そんな私に対する〝体からの怒り〟と〝反撃〟そのものにも思えたほどでした。

いまとなってはよくわかることですが、体は心より正直で、意識より賢いもの。言葉を話せないからこそ、直接、不調や痛みや異常をもって、こちらに語りかけてきます。小さく何かをささやいているうちに、手厚くケアできてさえいれば、大事には至らないと。

しかし、やがて、胸の痛みはもっと強く、頻繁にやってくるようになり、ある日、さすがに無視できなくなり、遂に近所の医者に行ったのです。けれども、そのときの医師の診断はこうでした。

「……まぁ、ストレスで胃がやられているのでしょう。ただの胃炎です。しばらく様子をみてください」

えっ？ 本当にそう？……こんなに辛い痛みが、ただの胃炎？ それだけ？ うそ？ ほんとうに、痛みの場所は、胃なの？

感じた疑問をそのまま医者にぶつけた。「先生、もしかしたら、私、心臓がどうにかなっていませんか？」と。

しかし、どんなに疑問をぶつけても、医者が「そこは、胃です。痛いという箇所は心臓ではありません。あなたは胃が悪いのです！ おそらく仕事のし過ぎで、疲れが出ているだけですよ」と言えば、そうなのだと帰ってくるしかありませんでした。なにせ、相手は医者なのだからと。

私の頭は、医者に聞かされた言葉を信じようとしていました。けれども、心は〝違う！〟とささやいており、さらに強い痛みでサインを送り続けてきました。〝お願い！ もっと、ちゃんと、真実をみて！〟と、私を促すかのように。

「きっと、やられているのは、胃ではない！　たぶん心臓だ。私の知らないところで、私の体に何か異変が起こっているんだ！」と、私はその違和感を本能的に察知していました。そうして、思い切って別の病院へ。そこで、わかったことは、胃が悪いというのは〝誤診〟だったということです！

そのせいで、私は自分の体に必要のない見当はずれの薬を、約1年半も飲まされていたのです。その間に、肝心の問題箇所は、どんどんやられていったのです。そうして、あの日の緊急入院へ。

しかし、倒れてよかったのかもしれません。

というのも、**体が私を倒してくれたおかげで、私はそれまで心や体に課していた、辛い状態や間違った生活習慣や、ハードな仕事の仕方や、そこからくる無理な生き方を、ようやく止めるチャンスを得ることができたのですから。**

過労と過度のストレスは、大敵!

病気をつくったのは、この私☆
自分しか、自分を止められない

心のどこかでいつかそうなりはしないかと、不安を感じとっていたような気もします。そう、倒れるのではないかと。

それは、なにも、痛みが現われ始める1年半くらい前の状態のせいだけではないというのも、わかっていました。

とにかく、私は超多忙を極めていました。朝から晩まで仕事はいつも分刻みでぎっしり詰まっており、少しでも何かが遅れたり、順序が狂ったりしたら、大変なことになるほど。もう、息つく間もなく、次から次へと仕事に向かう毎日でした。

「どこかで休まなくては」と思うものの、手帳はいつも、どの日も枠からはみ出るほどたくさんの予定で真っ黒に埋め尽くされ、〝殺人的スケジュール〟で、すでに決定しているものからは、逃れることはできませんでした。

けれども、私は、心のどこかで、そんな状態さえ、楽しんでいたようなところもありました。それこそが〝売れっ子の印〟であるかのように。そして、さらにやってくる依頼を、どんどん詰め込んでいったのです。

その人生の流れを、私は「嫌だ」とは思いませんでした。私のように自分でやる仕事の場合、〝暇こそが致命的〟〝仕事がないことこそ、ピンチ〟でもあるのだと。

しかし、体のほうは、「ここらで少し休みたい！」「もう、かんべんしてほしい！」と、訴えてきていたのは事実かもしれません。

仕事が自分のキャパを大きく超えていったとき、もはや、調整不可能でした。いつも、何を、どんなにがんばって、「早く！ 早く！」と急いでも、どう工面しても、時間は足りませんでした。

といっても、一日は24時間しかないわけで、そうなると削られるのはいつも食べる時間と寝る時間、休む時間と決まっていました。

一日の終わりには、いつも疲れきって、へとへとでした。

にもかかわらず、「やらなきゃダメだ！」「休むのはまだ早い！」「これをやり終えるまで、ゆっくりするのはおあずけだ！」と、私は自らを厳しく追い込んでいたのです。

「甘いことを言うことなど、許さない！」と。

人が、バランスを崩すとき

好きなことでも、無理は禁物☆
心と体は、アンバランスを嫌うもの

最初、好きな仕事を、ただ楽しんでいただけのはず……。

それが、**いつからこうなったのか、やがて仕事がどんどん私を追いかけてくるようになっていました。人間が仕事を追いかけることがあっても、仕事が人間を追いかけてくるなど、本末転倒でした。**

しかも、仕事のハードさだけでなく、実は、その頃の私は、公私ともども、まわりの環境や自分の状況に、いろんな問題や悲しみや、精神的プレッシャーや、大きなストレスを抱えてもいました。

なかでも一番の打撃となったのは、愛する大切な人との別れでした。心の支えを失ったショックと痛みは大きく、深い悲しみに打ちのめされていたのです。

それまで二人で同じ夢に向かって、ともに歩いていただけに、彼を失ってからは、やる気や生き甲斐《がい》や自分の存在価値までもを失い、とても苦しい日が続きました。

しかも、出版業界が迎えた〝時代の変化〟もあり、新たな仕事や対応の仕方をせまられ、〝無理なこと〟も引き受けざるを得ない場面が多くなっていきました。断ると困られ、応えるとよろこんでもらえたことで、これ以上は〝身動きが取れなくなる！〟というのに、引き受けてもいました。

絶望的な状況の中、悲壮さと混乱をいやというほど私は経験していたのです。

「このままでいいのだろうか」「でも、こんなやり方では、もう、心も体も、もたない！」という不安と恐れは、ピークでした。が、「結局、自分には、もう、そういう仕事のしかたしか、ないのだ」と、それ以外の方法などないかのようになっていました。

けれども、そんなハードで、無理な状態が、続くわけがありません。

体力が限界を迎える中、気力までも消耗しきり、限界に達したとき、人間は、心と体と魂のバランスを完全に崩してしまうものです。

その状態が、私を病気にし、倒れさせるのに、時間はかかりませんでした。

心と体の両方をいっぺんにやられたら、魂もやられてしまう。そこでふつうにいられる人間などいない！

しかし、神様はいるもの！　復活するチャンスは持てるもの！　私は、緊急入院となった集中治療室のベッドのうえで、不思議な声を聞いたのでした。

目覚めの言葉

ハイアーセルフが教えてくれたこと☆
それは、魂からのメッセージ

集中治療室で激痛が連続的になったとき、すべての感覚が麻痺《まひ》したかのようになりました。そのとき、死を覚悟したというか、〝もう、この現実を受け入れるしかない〟と、どこかすべてをあきらめたような境地にもいました。

気が遠のいていく中、なぜか、すでに成人している三人の子どもたちの顔が、幼い頃の可愛い顔で浮かびました。かつての恋人や、大切な人たち、印象的な出来事が、走馬灯のように私の中を駆け巡りました。

誰かが浮かぶたびに、その人たちに対する感謝がこみあげ、「ありがとう」と言わずにはいられない気持ちになりました。

そのとき、今世で、誰とどういう関係であったか、いったい何があったかなどに関係なく、〝そのひとりひとりが自分の人生に関与していたのには、大きな意味があったのだ〟とわかりました。

そのとき、意識が遠のくようなぼんやりとした状態の中、私に語りかける〝不思議な声〟を聞いたのです。

「もう、充分、自分自身をまっとうしましたか？　本当に、人をちゃんと愛せましたか？　この人生にやり残したことはありませんか？」

その声に対して、私は、「いいえ！　いいえ！　いいえ！」と心の中で答えていました。実際、自分は、〝まだ、まったく何もまともにやれていない！〟という思いがこみ上げ、そのとたん、涙とともに後悔と無念さが大きくあふれだしたのです。

その後悔は、まだこれから何かを叶えたいとか、まだもっとこうしたい！というような、そんなちっぽけなエゴに満ちたものではありませんでした。

〝今世、生まれてきた意味となるような重要なことを、まだやれていない！〟という、その気づきからくるショックのようなものでした。

と、次の瞬間、何か大きなエネルギーが、体をふわっと軽くし、私を持ちあげ、無重力状態にしたかと思うと、経験したことのない〝真空状態〟へと私をほうり込んだのです。

そして、目には見えないけれども、確かに存在しているとわかる者から、こんな声が聞こえてきたのです！

「心と体と魂に優しい生き方をしなさい……」と。

心と体と魂に、優しい生き方をする

もう、無理なんかしない
自分を癒す！　生活をあらためる！

「心と体と魂に優しい生き方をしなさい……」「自分を癒しなさい……」と、それは伝えてきました。

その言葉を聞いたとき、「あっ、私は、死なないんだ！　まだ生かされるんだ！」とわかりました。それは、神様のお告げのようにも聞こえました。が、私のハイアーセルフからの声だったのです（目に見えない高次の自己・魂の声）。

ちなみに、「魂」は生命の根源的エネルギー。このエネルギーが肉体に宿っているからこそ、人は生きられるのです。その魂というエネルギーは〝情報〟（前世の記憶や、過去～現在～未来の時空を超えたすべての情報）を持っていて、必要なときに、必要なタイミングで、メッセージを送ってくれます。

それは、ハートからやってくるので、多くの場合、〝内なる声〟として、聞こえてくるものです。

その声は、続けて、こうも言ったのです。

「生活習慣を正しなさい……生き方をみつめ直しなさい……」と。

それを聞いたとき、涙があふれてしかたありませんでした。それは深く、あたたかく、優しく、慈愛に満ちたものだったからです。そこには、責めるようなものはなく、ただ、同じように哀しみ、憂い、しかし、慈愛を持って伝えているのだという感じのものでした。

それは、私のこれまでの生き方のすべてを、誰よりも、何よりも、〝知っている者〟の声でした。

私自身わかっていました。これ以上、無理すると〝もたない〟ということを。それゆえ、その言葉が何を意味するのかを一瞬で察知できました。

そして、「そういえば……」と思い出したことがありました。

それは、私の尊敬する憧れの船井幸雄先生が、かつて私にくれた言葉でした。

作家デビューして間もない頃、船井先生との対談で初めてお目にかかったとき、先生は私の顔を見るなり、優しくあたたかいまなざしと、おだやかな声で、こう、おっしゃったのです。

「あんた、3年先まで仕事が入っているんやて？　せやけど、あまり無理したらあかん。そんなことでは、身がもたないようになる。

仕事を入れるとしても、せいぜい半年先までや。〝やらなくてはならないこと〟が何年も先まで追いかけてきたら、疲れるだけや。そんなことしていたら、自分が本当にやりたいことをする時間がなくなる。ミッションが果たせなくなる」と。

それは、何かとても深い意味を込めて、おっしゃっておられるように聞こえました。
もしかしたら、すでに大成功されていた船井先生ご自身も、なにか経験されている
ことがあり、それゆえ、〝人生の先輩〟として、〝ひとりの人間として〟、心配して、
いたわる気持ちで、私にお伝えくださった思いやりあふれる言葉だったのでしょう。

しかし、実をいうと、当時、その言葉を聞いたとき、未熟だった私は先生のおっしゃっている意味をあまりよく理解できていませんでした。

いま思えば、愚かなことですが、人は暴走する自分を止める方法を見失っているとき、誰の言葉も、まともには受け取れていないのかもしれません。

まわりの大切な誰かが、ちゃんとこちらを心配して、正しく言葉をかけてくれている……しかし、それをわからないで、暴走したままでいると、今度は、代わりに、天が強制的に、止めにきたりするものです。

「いったん、仕事をやめる」という、選択

働く人間にとって、それが意味するものは、
「社会から消える」ということ!?

「心と体と魂に優しい生き方をしなさい……」そんな尊い言葉を聞いたというのに、私はそれをすぐに現実に直結させることができずにいました。

そう、わからなかったのです。「何をどうすることで、心と体と魂に優しい生き方ができるのだろう」と。それは、「仕事のことなの？」と。

仕事をしている人間にとって一番難しいことは、〝仕事をやめる（あるいは、休む）〟ということです。一時的にしても、永遠にしても、これほど難しいことはありません。

というのも、〝仕事をやめる＝社会から消える〟ということを意味することだからです。仕事は社会と自分の接点となるものであり、仕事を愛する人間にとっては、命そのものでもあり、その大切なものを失うというのは、〝すべてが終わるも同然〟だからです。

それに、仕事は生活と直結しているもの。

それゆえ、明日への心配があるからこそ、人は、自分が大変な状態になっていても、なかなか〝仕事をやめる〟ことができないのです。不調をきたし、病気になったとしても。

しかも、自分の理屈は嘘《うそ》をつく。「こんなところで休むと、あなたは後れをとりますよ」などと。体は〝休みたい〟と言っているのに、理屈は、自分を休ませないわけです。

しかし、体には理屈がないから、しんどいときはしんどさを素直に出すし、どこかがおかしいときは、痛みを出す。本当に体は、心より正直なものです。感覚的なものは、無言で真実を伝えてくるから、正解が多いものです。

そういえば、ゲーテもこう言っています。「判断は誤る。感覚は誤らない」と。

ましてや、自分が所帯主であれば、体の声を聞いたとしても、また、理屈はいろいろ言ってくるわけです。「もし、自分が仕事を休んだら、仕事に穴があく!」「会社に迷惑をかけてもいいのか?」「今月の給与がなくなるぞ!」「家族はどうなる?」などと。そんな心配と理屈が、常にあるわけで。

かりに、ひとり暮らしだとしても、「どうやって明日から食べていけばいいのか」と、苦悩するしかないだろう。

仕事と自分を切り離すことが、働く人間には、最も難しく辛い選択なのに違いありません。きっと、社会に出て仕事をしている人なら、誰もがそれを自覚していることでしょう。

しかも、自分が会社を経営している社長であったりしたら、なおさら、仕事を自分の体調ごときで、やめるわけにはいかないものです。

そういえば、以前、年商250億円のとある有名な会社の社長さまから、こんな話を聞いたことがありました。

「社長室には、おばけがいるんですよ」と。そして、「どんなおばけかって？　それは、〝もっとよこせ、もっとよこせ〜！〟と言うおばけだよ。

たとえば、自分が、がんばって1億円稼いだとしても、社長である自分には、〝1億稼いで、えらかったね〟とは、誰も褒めてくれない。〝1億か……じゃあ、次は、2億円だ！〟そして、それを達成すると、〝次は、もっとだ！〟と言う。そのおばけは、他でもない、自分自身。

ほとんどの経営者がそういうもので、それが会社や社員を守る術《すべ》だと、思うわけだよ。

そうして、社長室にひとりでいると、そのおばけはいつでもすぐにやってきて、こう言うんだよ。〝もっとやれ！もっとやれ！〟と。

そのせいで、社長はさらに必死になり、大きな仕事、多くの仕事をと、追い詰められていく……。

そうして、それでも思うようにいっていないと感じ始めると、もっと背伸びして、がんばるしかなくなる。そして、あげくの果てには無理なところに投資したり、危ないことまでしたりしてしまう。そのうち、負債や問題を抱え込み、堕ちていってしまうことになるんだよ。

そうやって、身も心も滅ぼしたあと、すべてを失い、ふと我にかえって、ハタと気がつく。

そこで、〝いったい、なんのためにそうしたんだろう？〟と。しかし、聞かれても、なんのためだったかも、もう自分でもわからなくなっているわけですよ」と。

だから、本当は、社長室にそんなおばけが出ても、言うことを聞いてはいけなかった！慎重に、ただ、賢者である努力をしていれば、よかったんです。

賢者なら、無理なことをして自分の身を滅ぼしてまで、「もっと、もっと」とは、

ならないわけですから。

そんな話を聞いたとき、わかる気がした……そして、「私はそうはならない」と思っていた。けれども、もしかしたら、いつのまにか、そんなおばけの影響を受けていたのかもしれない……。

入院中、できることといえば、病院の天井を見つめ、考えることだけでした。いままでも、考えていなかったわけではなかった。というより、本当は、何も落ち着いて考えられないくらい、走っていたのかもしれません。

……その後、私は退院しました。

けれども、私の場合、治ったから退院したのではありませんでした。病気は完治しておらず、発作は続いているままで、通院と薬のある生活に切り替わっただけでした。退院したとしても、体は病を抱えたままで、そのうえ、すべき仕事はまだ残っており、「これをやめたら、大変なことになる！」という恐怖をも、私はそのときまだ抱えていたのです。

それゆえ、あの「心と体と魂に優しい生き方をしなさい」という、ハイアーセルフの声や、退院後、家で、子どもたちが言ってくれる「いいから、もう何もせず、おとなしく寝ていてよ！」という言葉もふりきって、起きてきてはパソコンの前に座って、私はまだ仕事をしようとしたのでした。

しかし、しかし！ 体は、もう、そんな私の無理に、一切従うことはありませんでした。

「もう、いやだ！」と強烈に反抗するかのように、パソコンの前に座るや否や、発作で私を倒したのです。「ほら、やめてって言っているでしょ！ なんでわかってくれないの!?」「いいかげんに、無理するのをやめて！」と、責めるかのように。


そこまでくると、もう、あきらめるしかありませんでした。長い人生、ここでいったん仕事を休んで、心と体と魂を休息させるのもしかたのないことなのかもしれないと。

一生、治らない⁉ それを、くつがえす

そんな不本意な怖い言葉の
「呪《のろ》い」にかかってはいけない！

退院時の診察のとき、医師は私にこんなことを言いました。

「実は、あのとき、かなり危ない状態だったのですよ。余命一夜になるかもしれないという。ですから、退院しても油断は禁物です。……さて、今日からは、この薬を毎日飲んでいただくことになります」

「いつまでですか？」

「いや、いつまでとかではなく、一生です。ちゃんと飲まなくてはなりません。この薬は決して自己判断で勝手に止《や》めないでくださいね。危険ですから」

そうして、大量の薬が出されたのです。

そんなものが「心と体と魂に優しい生き方」とは、到底、思えませんでした。しかも、一生だなんて！

「先生、私、治らないんですか？　そんなのいやです！　私、そもそもは元気な人なんです！　持病などなく、健康体で生まれてきたし、かぜもひかないくらいです。だから、なんとかしてください！」

「……いや、健康体で生まれたとしても、誰でも年もとれば、どこか体に不具合が出てもおかしくはないのですよ。それに、あなたの場合、事情を聞くと、かなりハードな仕事のこなしかたをされてきたようですし。

ふだんかぜもひかないくらい元気だと過信している人に限って無理をするものです。

体を酷使し過労とストレスをため込むようなことが長年続いたのだとしたら、倒れてもおかしくなかったのです。ましてや、寝ない、食べない、そんな状態で仕事ばかりしていたら、誰でも病気になりますよ。

長年のストレスで冠動脈は損傷しているわけですからねぇ。とにかく強いストレス状態が長引くというのは、体には危険なことなんです。血管を収縮させ、硬くしてしまいますからねぇ。

いったんダメージを受け、麻痺《まひ》してしまったら、もうこの痙攣《けいれん》は一生止まらない。つまり、一生、治らない……。

あなたの場合、すぐに手術が必要というタイプのものではありません。手術して治せるならそうしてあげたいけど……。だから、気長につきあっていくしかないのです。まぁ、あせらずに。とにかく、薬はちゃんと飲んでください！　さて、次の診察日は……」

薬を飲む生活……しかも、一度飲んだら「一生飲まないといけないもの」で、勝手に途中でやめると、危険なものだなんて。

それを聞いてからは、発作がきても怖くて薬を飲めませんでした。もし、飲んだら、一生つきあうことになるわけですから、この薬と病気と！

そのとき、私は、本当にすごく悩みました。飲むべきか、飲まざるべきかと。

しかし、飲まないとなると、実際、発作のたびに倒れ、週に3回くらい救急車で運ばれるのでした。そのたびに子どもたちがとても心配し、悲しそうな顔をしていたのです。

そのとき、私は、ハッと目覚めたのです！

「ああ、この子たちに、こんなにも悲しい顔を、させてはいけない！」と。

そう思ったら、〝薬を一生飲んででも、この子たちのそばにいて、笑顔にしてあげたい！〟と思うようにもなり、不本意ながらも、しかたなく、薬を飲み始めることにしたのです。

「……でも、本当にこれでいいのか？」その疑問はずっと続いていました。

「一生、治りません！」その医者の吐く否定的な言葉は、患者を恐れさせ、怯《おび》えさせ、完全に無力にしてしまうものです。

残酷にも、その言葉によって、患者本人が必死で望んでいる〝治る可能性〟をかんたんに否定し、立ち上がろうとする努力と意思をくじいてしまうのだから。

希望を失えば、人は誰でも無力になり、創造的になったり、創意工夫したりすることも、やめてしまうものです。「どうせ、治らないのだから、何をやっても、無駄だろう」と。

それは、本当なら〝治るもの〟も、〝治らないもの〟にしてしまう。こんなに怖いことはなかったのです。そして、私は〝治らない〟を〝治る〟にくつがえしたかった！

薬《クスリ》は、逆から読むと〝リスク〟になる

体は、薬を歓迎しない
それに対する抵抗を「副作用」にして出す

「早く、治りたい！」とあせったところで、私自身、どうすることもできずにいました。あせって不安になるほど、発作は起こり、医者に痛みを訴えるたびに、薬はさらに増えていくだけで。

そして、あるとき、とうとう、何種類ものきつい薬が大量に処方されるまでになり、その副作用で連日苦しむことになったのです。

毎日、顔も手足も体中、異常なほどパンパンにむくみました。もう足は象のように肥大し、そのむくみと痛さで靴はまったく履けないほど。尿もうまく排泄《はいせつ》されなくなり、何度トイレに行っても出てくれず。

また、口の中には常に10個以上もの口内炎ができ、消えては増え、増えてはつぶれてまた増える、を繰り返し、飲食はまともにできませんでした。喉の粘膜は炎症を起こし、奥まで真っ赤にただれて、痛み止めが欠かせませんでした。

胃は荒れ、嘔吐《おうと》を繰り返し、顔色は黒くなり、瞳《ひとみ》から光が消えたようにどんよりしました。

処方された中の一番きつい薬は、発作をおさえるための薬のはずが、それを飲むと、逆に、急激に鼓動が早まり、胸が強く締め付けられ、いつも突然、呼吸困難になりました。息ができない苦しさは、半端ない恐怖を私に与えました。

そのうえ、めまいまでもを引き起こし、天井がぐるぐるとまわったかと思うと、ふらふらとその場で倒れることがしばしばで、もう、まったく生きた心地がしませんでした。

いつしか体の抵抗力は極度に落ち、私は、あるときウィルスにやられ、それが喉から食道にひろがり、呼吸困難に陥り、再び入院することになったのです。

「こんなことをしていたら、病気ではなく、薬にやられて死んでしまう！」

そういえば、あるとき、知人の医師がこう言っていました。

「薬《クスリ》という言葉は、逆から読むと〝リスク〟になる。だから、薬を極力飲まない生活をしないといけないんだよ」と。

実際、その通りのことが自分の身に起こっていました。薬の副作用で、それまでなにも問題のなかった体の部位にまで、悪影響が出始めていたのですから。

「これが治療の成果!? こんなのおかしい！ こんなことが繰り返されたら、また倒れる！これではらちがあかない！ダメだ！」

治る気配を見せず、状態は悪化していくばかりにみえ、憂鬱《ゆううつ》になり、心はどんどん不安定になっていきました。

ほどなくして、私には、別の病までもがふりかかりました。その病名を聞いて、思わず、「うそでしょ？」と言いたくなったものです。

人間は、こんなにも脆《もろ》く、壊れやすいものだったのか？

そして、何が、こんな私を救う？

しかし、この最悪の状態こそが、立ち上がるきっかけを私にくれたのです！

パニック障害☆
それは、逃げ場のない人生で起こる

もう、なにもごまかさないで！
体と心は、本気で助けを求めている

あるときから、家の中にいて、ただ座っているだけなのに、突然、激しい動悸《どうき》が始まり、息苦しさと強い不安感と悪寒《おかん》に襲われ、体がぶるぶるガタガタ震えるようになったのです。

その悪寒と震えに襲われると、夏なのに、何枚洋服を重ね着しても寒くて、寒くてたまらず、怖い妄想と、死の恐怖にも襲われるのでした。

その症状は突発的で、ふいに襲うもので、私を、日中、突如、何度も地獄に突き落としました。それは連日続き、夜中は悪夢でうなされるのが常となっていきました。

この異常さにあわてて、また診察に行くと、今度はそこで、こう告げられたのです。「パニック障害です」と。そして、また大量の薬が出されたのです。

そして、追い打ちをかけるかのように、突然、声がまったく出なくなってしまったのです。喉までもが痙攣し、声を出す弁はひらいたままになり、閉じられず。それに対しても新たな薬が加わり……。

体は、重大な警告を鳴らしており、その悲惨さは、なんとか私を目覚めさせようとしていました！「こんな薬漬けの日々を送ったら、もう、ふつうの人間の生活をできなくなる！自分を救うのはいましかない！」と。

わかっておきたいことは、薬が増えて、一時的に何かがましになったようにみえたとしても、治療のプロセスが成功しているということではないということです。

むしろ、原因となっているものや症状が、どこか見えないところに追いやられ、姿をちょっと隠したに過ぎないのです。

しかも、少しましになったとほっとしてもつかの間で、病気は、〝外側から、自分をやっつけるもの〟がなくなったとたん、こちらをあざ笑うかのように、別の形をとって悪の軍団と化し、一致団結して、こちらを再び襲いにかかるのですから。

私は、**症状を〝まし〟にしたいのでも、痛みや異変を〝ごまかしたい〟のでもありませんでした。治りたかったのです！**

そして、「パニック障害」だと告げられたこの日、私は、本気で病気を根絶する決心と覚悟をし、出された精神安定剤や喉の薬などを、その場でぜんぶ捨てたのです！

「これ以上、もう何ひとつ薬なんか飲みたくない！　病気でなんかいたくない！　元気な自分に戻りたい！」と。

だとしたら、誰を頼ればいい？　何をすればいい？　神様、助けてください！　この状況から私を救い出してください！

それが通じたのか、次に、病院に行くと、ひとつの希望が与えられたのでした。

（※ちなみに、「パニック障害」の原因や背景、どのように「パニック障害」を私が自分で克服したのかについては、順を追って、Chapter 2でお伝えしていきます）

救われるきっかけ

神はこうして現われる☆
人生が良くなるとき、新たな人がやってくる!

ある日、心臓の主治医のいる病院に行くと、担当の医師が変わっていました。

診察室に入ると、それまでの冷たいムードの先生とはまったく違う、あたたかいムードの、爽《さわ》やかで誠実そうな、笑顔の新しいN先生が優しく私を迎えてくれたのです。

「今日から僕が担当することになったから、よろしくね!」

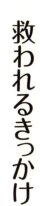

その新しいN先生の診察は、これまでの医師とは違う、心の通う、とても丁寧なものでした。先生は、私のカルテを遡《さかのぼ》ってしっかり目を通し、ちゃんと触診しつつ、もれなく体の異変のあるなしをチェックしてくれたものです。

実をいうと、これまでの先生は、定期診察に行っても、カルテとパソコンに向かうだけで、私の目もまともに見ないし、触診もせず、まるで私を治すことになど無関心であるかのような様子でした。

ところが、N先生だけは、他の先生たちとは違っていました。向き合う姿勢があり、何より言葉がとてもあたたかく、それだけで、希望が見えた気がしました。

「調子はどう? かなりきつい薬をたくさん飲んでいるみたいだけど。辛くない?」

その質問に私は、副作用の症状を詳しく伝え、そのせいで体は以前よりもっと辛く、精神的にも苦しんでいるということを、赤裸々に伝えたのです。また、別のクリニックで、「パニック障害」とまで診断されたものの、その薬をすべて捨てたということも。

すると、先生は、私の顔をしっかり見たかと思うと、笑顔で、優しい声で、こう言ってくれたのです。

「詳しく話してくれてありがとう。いま、どんな状態なのかが、とてもよくわかったよ。いろいろひとりで苦しんでいたんだね。でも、もう大丈夫だよ！心配ごとはひとりで抱えなくていい！どんなことでも、いつでも話してくれたらいいよ。これからは、僕がなんでもぜんぶ聞くし、受け止める！ここから一緒に治していこうね！」

その言葉に、私は思わず泣いてしまいました。そこには、感動があったからです！

「私の味方ができた！」という、うれしい感動が！

なにせ、それまでは、医師に何をどんなに訴えても、ただ、〝よりきつい薬〟が処方されるだけで、心から話に耳を傾けてくれることはなかったのですから。

いや、それもこの病院ではしかたなかったのかもしれません。というのも、この病院では、大病院から先生が交代制でやってくるシステムのため、担当医がコロコロ変わるし、それゆえ、ひとりの患者と親身に向き合っている暇はなさそうな感じでしたから。

薬の強さや何かしらの異変を訴えても、〝ややこしい患者〟というかのように、眉《み》間《けん》にしわを寄せ、「痛いと言われても、これ以上、どうすることもできません。医者としては薬を出すことくらいしかできないのですから」と、怒り口調で言われるくらいでしたから。

新しいN先生に出逢えたことはとてもうれしく、どこかわくわくしました。そうして、何かあるとすぐに私はN先生のところにとんでいったのです。そのたびに親身になってくれました。

また、N先生は、体のさまざまな症状の原因にもなる私の背景についても、詳しく聞いてくれました。

おかげで私は、自分の仕事の状態についてや、パートナーを失ったショックからまだ立ち直れていないこと、なにかあっても相談できる人もいなかったことなど、いろんなことを打ち明けたのです。本当に何でも！

そのたびに先生は、なにかと、いいアドバイスや優しい言葉をかけてくれたものです。たとえば、「いま、また、何か本を書いているの？無理しちゃダメだよ。調子のいいときほどやり過ぎるところがあるみたいだから。ゆっくりいこうね」

自分が弱音を吐ける場所や、何かが辛いということを言える人がいることや、自分の話を優しく受け止めてくれる人がいるということが、どれほど大きな救いになるか、そのことの大切さを、私はそのとき初めて痛感しました。

そして、それだけで、人は半分以上、辛い状態から救われたも同然なのかもしれません。

〝安心する練習〟をする

たったこれだけで、心は力を取り戻し、
体はすっかり癒され、復活に向かう！

主治医が変わったことが、私に、思いもよらぬ大きな転機をもたらしました。
人柄の良い、優しいN先生に会えるだけで、気持ちが明るくなりましたし、〝救いの場所〟ができただけで、未来が良くなると感じられたものです。

あるとき、定期診察で病院を訪れたとき、玄関に入ったとたん、私は激痛に襲われ、倒れてしまいました。そのとき、まだ、N先生は病院に到着しておらず、私は治療室のベッドに運ばれたのです。

診察前に私が倒れたことを、看護師さんがN先生にあわてて伝えると、先生は白衣を着替えるのもままならないというかのように、私服のまま治療室に入ってきました。
「遅くなって、ごめんね！ 大丈夫!? でも、もう安心して、僕がきたから大丈夫だよ。まずは、検査だね」

その日に限って、先生は、なぜかこんな対応をしてくれたのです。
「今日は検査室まで一緒に行くから、怖くないよ。僕がついていたら安心でしょ♪」

そうして、検査に同席し、終わると先生は私の状態について詳しく説明してくれ、もうひとつ新たな検査を提案されたのです。それは、24時間監視体制で私の心臓の動きをみるというもので、自宅でやれるものでした。

N先生は、その装置を私の体につけ、自宅での過ごし方と注意点を告げ、その検査のための小さな「記録用のノート」を差し出して、こう言ったのです。

「いいね、今日から、これでもっとちゃんと、体の状態を把握していくね。もし、自宅で、発作や異変があったら、どんなにささいなことでもいいから、〝何があったか〟をこのノートに時間とともに記録してほしいんだ。

そうしたら、僕は状態を詳しく把握できるし、必要な対処ができるから。この検査が終わる日に、また僕に会いにきてね。待っているからね！」

N先生はいつも、「診察日を決めましょう」とは言わなかった。代わりに、「今度、僕と会う日はいつにする？」というノリで、診察日を決めてくれていました。

そのことにとても安らいだし、おかげで、どんどん心をひらき、なんでも話せるようになったのでした。

後日、自宅での検査を終えて、再び病院へ。

診察室に入ると、先生は検査データと私がつけた手帳の内容を細かく照らし合わせて見たかと思うと、カルテに何やら書き終え、ペンを置くと、私のほうにくるりと向きなおして、目を見てこう言ったのでした。

「はい。両手を出して」

「えっ? 両手?」

私がなんだろうと思って、両手を前に出すと、先生も両手を出して、私の手をしっかりつかんで、こう言ったのです。

「検査の結果を話すよ」

「えっ、何? 先生、怖い!」

「怖くないよ、大丈夫♪ いいかい、検査の結果はね、どうもない! 異常なし! よかったね!」

「いや、そんな……だって、そこに書いた通り……まだ体はおかしくて……」

「いいかい、よく聞いて! 僕は医者だよ。どうか信じて! 僕がどうもないといったら、本当にどうもないいんだよ。この検査は精密なんだ。このデータからは怖いものは何も出ていない。

君を病気にしたのは、もちろん、過労と過度のストレスが引き金になったかもしれない。でも、それよりもっと影響していたことがあるみたいだね。

それはね。きっと、〝恐怖〟なんだよ。

……僕は、いつも聞いていた話や、このノートの君の素直な記録からも、それを感じたんだよ。でも、どうか、もう何も怖がらないで！　不安や恐れは、血管を萎縮《いしゅく》させるものだから。

引き続き必要な治療はするけれど、いまのところ特に重大な症状は見当たらない。不整脈も見られないし、心臓は思ったより元気だよ（笑）

この検査をして、よかった。僕も安心したよ。だからお願いだから、安心して過ごしてほしいんだ！

今日、どうしても伝えたいことはね、〝安心する練習〟をしてほしい！　ということなんだ！」

「安心する練習!?」

「そう、僕と約束して！　今日から安心する生活をするって！

その手始めとして、今日の帰りに、何か僕を思い出すものをなんでもいいから一つ買って帰ってほしいんだ。

キーホルダーでも、なんでもいい。たとえば100円のものでいいんだ。家にある何かでも。それを今度会うとき（診察日のこと）に、絶対、身につけてきてね。これは、僕との約束だよ！」

「……でも、どうしてそれを？」

「〝お守り〟にするんだよ」

「お守り!?」

「そう！ それを毎日、肌身離さず持っていてほしい。そして、もし、今度、何か、心配や不安や恐怖や痛みにやられそうになったら、それをぎゅっと手に握って、僕のことを思い出してほしい。僕の顔を、ちゃんとね！（笑）

そのとき、僕が、〝大丈夫！ 大丈夫！〟って言っていた言葉をちゃんと思い出して、自分に言い聞かせてほしいんだ。そうやって安心してほしい！」

「……先生、私、本当に大丈夫？」

「大丈夫！ 僕が保証する！ きっと、この病気になってから、一度たりとも安心していなかったでしょ？……だから。

もちろん、それでも不安になったり、気になることがあったりしたら、次の診察日まで待たなくても、いつでもここに来てくれていいから。

とにかく、安心して、ほっとして、ぐっすり眠って、ごはんをおいしく食べて、元気にならなきゃ！」

「安心する練習」……そんな言葉を私はそのとき初めて聞きました。そして、その言葉と、約束のお守りこそ、そこから私が復活する大きな〝きっかけ〟となったのです！

そうして、このあと、それが本当に〝お守りの効力〟を発揮していくことになるのです！

運命が変わるとき

予想もしなかった出来事が、
〝自分を救う決心〟をさせることがある

〝安心する練習〟のための私の〝お守り〟は、その日、N先生が着ていたブルーのスクラブと同じ色の小さな石の飾りがついたきゃしゃなブレスレットでした。

それを、病院の帰り、たまたま通った街角の雑貨店で見つけて買い、毎日、よろこんで腕にはめていました。それをN先生に見せると、笑顔で、いつもこう言ってくれたものです。

「約束のもの、今日もちゃんと身に着けているね！ よしよし！ ここからきっと良くなるよ！」

そうして、N先生は私が安心する習慣をしっかり持て、調子が良くなってきたそのタイミングをみはからって、副作用のある薬をすべて外し、よりおだやかなものに変えて処方し、私の負担を減らし、症状改善へとつとめてくれたのです。

そのときの私には、まだ軽い発作が起こる日がありましたが、N先生がいつも「絶対に、良くなる！」「治していこうね♪」と言ってくれたおかげで、かなり癒され、安堵《あんど》できたものです。

医者の放つ肯定的な言葉は、患者を自発的治癒に向かわせるすごい魔法の言葉のように思えました。特に、信頼している医師の「絶対に、良くなる！」という言葉は、とてつもなく大きな力を持っている！

その、おかげで、最初の担当医師が言った「一生治りません！」という怖い呪いは、いつしか解けていってしまいました。

私は、N先生の思いやりに大きな人間愛を感じていました。そして、約束のお守りのブレスレットを大事にし、子どものように純粋な気持ちで、いつも肌身離さずつけていました。

ところが、ある日、街を歩いていたとき、突然、ブレスレットがプツン！と切れて、地面に落ちたのです。「あっ！」一瞬、なにか嫌な気持ちになったのですが、すぐに、「大丈夫！大丈夫！」とつぶやき、それを握りしめてN先生の優しい顔を思い出していました。

しかし、**現象には、やはり意味がありました。あることを告げるものとなったのです。**

ある日、少し、間があいて、病院に行くと、N先生がいなくなっていたのです。他の病院へ異動したのだと。

突然のその出来事に、私は悲しくて、悲しくて、しかたありませんでした。どうしても先生に診てほしいと、移転先を聞こうとしましたが、病院側は教えてくれませんでした。

やっと気持ちが明るくなりかけ、症状が良くなりかけていたのに、また、頼りにしていた大切な人を失って……そのショックで、私は再び元気を失ったのです。

そして、先生がいなくなった病院に、私は、もう、まったく行けなくなってしまったのです。

自宅のベッドで寝込んだままでいたいような気にもなり、それゆえ、必要な薬も息子に頼んで定期的に病院に取りに行ってもらっていました。

せっかく心通わせられる存在ができたと思っていたのに、また、その大切な人がいなくなってしまって、私はもう自分に何が起きているのかさっぱりわからなくなったほどでした。

しかし、ふさいでいたある日、ふと、大切なことを思い出したのです。それは、ある日の診察中に、先生が言った言葉でした。

「……僕としては、この薬をあまり長く飲んでほしくないんだ……。この薬は長く飲むと、今度は体がそれに慣れてしまい、発作が起こっても、もう効かなくなることがあるからね。

だから体調をみながら、できるだけお薬を減らしていって、まったく飲まなくてもいいところまでもっていこうね！」

……先生、なぜ、最後まで、私が治るまで、そばにいてくれなかったの!?

しかし、N先生が突然いなくなったことこそ、大きな転機となったのです！

甘え、頼りきっていた大好きな先生がいなくなったとき、他の先生に診てもらうのもいやだ！ というのなら、もはや、頼るのは自分しかない！ そんな気持ちにさせる瞬間へと私を導くよう、運命は動いていたのでしょう！

そのとき、私は、はっきりと、こう、目覚めたのです！

「神様…先生に甘えたり、薬に頼ったり、外側からの助けに頼ってばかりいてはいけなかったのですね。私に、自分で立ち上がれということなんですね。もう、わかりました！　いまこそ、私は、自分の病気を自分で治します！」

きっと、そういうことを神様だけでなく、N先生も、私の体も、望んでいたのかもしれません。希望を持って、自発的に治す覚悟をするようにと！

そうして、そこから、完全治癒に向けて、私は本気で取り組むようになったのです！

Chapter 2

ここから復活する☆完全治癒の法則

良くなるために、
神が計画した“素晴らしい領域”に入る

自分の病気は、自分で治す！

もう、薬なんか、いらない！
かわりに、私が自発的に取り入れたものとは!?

「自分の病気は、自分で治す！」とはいうものの、私は何から手をつければいいのかわかりませんでした。なんでこんな病気になったのか、どうすれば元気な状態に戻れるのかも、さっぱりわかりませんでした。

なにせ、大好きだった優しいN先生の後任でやってきた先生は、また、私を元に引き戻すかのように、「一生治りません」と言う人だったのですから。

しかし、**「一生治りません」と、医者がさじを投げるなら、もう誰も助けてはくれない、神さえも見放すというのなら、いまこそ自分が立ち上がるとき！ 誰も治してくれないというのなら、「自分で治すしかない！」と、決めたのです！**

とにかく、病気が悪化する前に、何かしら、本当に、ここでちゃんと手を打つ必要がありました。

まずは、仕事のことは一旦完全に忘れよう！ そして、睡眠と休息をたっぷり取ろう！ と、それを徹底したのです。

そして、「薬を飲みたくない！」ということを一番になんとかしたいと、薬の代わりを担える良いものはないか、本やインターネットで調べてみたのです。

また、病気の原因や治し方など、役立ちそうなありとあらゆる情報を集めました。

食生活も見直そうと、大好きなお肉をやめ、野菜や果物を摂るべく、ジューサーやミキサーも買ったりして。

とにかく、体に良いと言われる食べ物やサプリがあれば、積極的に取り入れたし、こうするのが体に良いという方法があれば、おっくうがらずになんでも試しました。

それにしても、どうして、これまで私は、そうやってちゃんと体をいたわってこなかったのだろうか……。きっと、やろうと思えばできただろうに。

体に興味を持ってあげていなかったことが原因だとしたら、本当に体さんに申し訳ない……。

そして、あるとき、私は、心臓疾患や精神疾患やがんなど、重病人にも効果的であるとされている漢方に出逢ったのです。それは都内にあり、私はすぐに予約し、息子に連れて行ってもらったのです。

そこの先生は、もともと大病院の循環器内科の医師でしたが、「薬でやれることに限界を感じる」と病院を辞め、自身のクリニックを立ち上げ、オリジナル製法で開発した漢方をそこで処方していました。

それには、自然植物や滋養強壮作用の高い薬草や昆虫のようなものがたっぷり含まれていました。

その漢方治療の先生は、私にこう説明しました。

「これを飲むからといって、突然、心臓の薬をやめたりしないでください。まずは、抵抗力の落ちているあなたの体を、必要な栄養素でカバーするという意味で、これを飲んでください。

そして、漢方が力を発揮し、あなたの抵抗力が戻りはじめ、調子が良くなってきたら、主治医に相談して、薬を減らしてほしいとお願いしなさい」と。

しかし、飲まなくてはならないその漢方の量は半端なものではありませんでした。それは粉状の漢方を先生が独自の粒状に作り直したもので、一度に60粒、一日4回も飲む必要がありました。

最初のうち、希望を抱き、よろこんで飲んでいましたが、そのつど大量のお水を摂る必要があり、だんだん飲むのが辛くなってきました。また、大量の水のせいで、とたんに再び強いむくみが現われはじめ、顔も手足もまたパンパン状態に。

しかも、2週間に一度通う必要があり、費用はそのたびに何万円もかかりました。「これでは続けられない……」と、その漢方に頼るのは、ほんの3か月でやめたのです。

聞くところによると、なんでも漢方は、人によっては体に合うものと合わないものがあるらしく、合わないものを大量に摂るのは、かえってよくないということでした。

そして、すぐに、漢方の他にどんなものがあるのかと探し、水素水、酵素、はちみつ、プロテイン、ビタミン剤、米麹《こめこうじ》などなど、とにかく「体にいい！」といわれるものは、なんでもすぐにまた試したのです。

食事療法もすべく、冠動脈や心臓に良いとされる食材を調べては、それを摂っていました。良いとされるその食材には、白菜、豆腐、ささみ、納豆、ブロッコリーがありましたが、それらは私の好きなものではありませんでした。

けれども、しかたなしにと、毎日ひたすら、食べ続けたのです。豆腐鍋やささみ料理、納豆ごはんにして。

しかし、当たり前の話ですが、それがいいからといっても、偏ったものばかり食べるとよくないものです。体調的にも精神的にも。

あまり味のない淡白なものばかり食べていたせいで、なんだか食べる楽しみがなくなり、力もなくなってきた感じでした。「こんなものばかりしか食べられないなんて、辛いなぁ」と、落ち込んだりもして。

お肉が大好きだった私は、倒れてからお肉をやめたことが一番辛いことでした。白菜やささみや豆腐では、パワーがまったく出ませんでした。なんだかおとなしい〝うさぎ〟になったかのようで、自分らしくありませんでした。

食べ物と性格が関係するということを以前、誰かに聞いたことがありました。本当にそれを実感しました。

そして、この時期、何を取り入れようにも、どれも長続きしませんでした。途中、あきてしまったし、ときには、「こんなことをしていて、本当に効くのか⁉」と、疑いがわいたりもしたからです。

それゆえ、あまり体調の変化を感じられず、心はどこかもやもやしていました。

私は、もっとシンプルで、続けるのがたやすく、体調改善がはっきりわかるものがあるのではないかと、もっとそれを求めようとしていました。

そのとき、ハッと、〝忘れていた大切なこと〟を、思い出したのです！

「なにかをやる」ということばかりに気をとられて、「何もしない」ということの効用があることを！　「何かを取り入れる」ということばかりにとらわれて、「不必要なものを捨てる」ということの効用を！

治りたい一心で、あせって、また必死でいろんなことをやり過ぎていたことを私は反省したのです。それがストレスになり始め、自分をまた追い詰めかけていたのだから。

義務で食べるのを、やめる

好きなものを食べられる幸せに出逢うと、
心も体もぐんと元気になる♪

誰にでも経験があるでしょうが、何かに迷うと、まず人は、〝外側〟に答えを見つけようとしがちなものです。必死になって、何かを調べたり、誰かをつかまえて話を聞いたり、どこかに行ったりして。

しかし、多くの場合、そうすればそうするほど、ますます混乱し、方向性を見失うもので、労力を使うわりには、得られるものが小さいものです。

それは、自分のパワーを分散し、逆に、本当に必要なものに出逢い、最善を得るのを自ら邪魔しているようなものです。

しかし、**そうするのをやめ、自分の〝内側〟にある答えに出逢おうとリラックスし、静かになることで、むしろ、自分にとって出逢うべき、最善の結果を手にすることができるようになっているのです。**

というのも、内側に聞くというのは、宇宙に聞くということであり、それは、「信頼」を意味するあり方だからです。

そのとき、閃《ひらめ》きがやってきて、人を内側から導くようになるのです！

それを思い出した私は、何かを外側に向かって〝やり過ぎること〟から離れるために、故意に何かをするのをやめてみたのです。

そうして、私の内側や、背後で、動いているであろう〝大いなるもの〟に自然にまかせてみればいいのではないか、という思いに至ったのです。

すると、ある閃きが、やってきました。

「また元気になんでも食べられる体に戻りたい！　大好きなお肉を食べることも楽しみたい！」というものでした。それは、私の素直な思いで、なんの抑圧もない心の中から自然に浮かび上がったものでした。

人は、健康なら、なんでも好きなものを食べられるわけですが、そのことがどれほど人生を豊かにし、幸せなことかを、このとき、初めて痛感したのです。

そして、私はわかったのです！

「あれもダメ、これもダメ！」と自分に禁止し、何かを「食べてはいけない！」と抑制することが、いかに精神的によくないかを！

好きなものを、「また、食べたい♪」と思える生き方こそ、大いなる生命力を復活させるカギではないかと！

そして、そのあと、私は、自分の食べたいものが自分の体に良いかどうかと必要以上に理屈でこだわるのをやめたのです。

そして、ただ、たんに、「その日、体が食べたいという野菜や果物をたっぷり摂ればいい♪　大好きなお肉もたまに食べていい♪」と、自分に許可してみたのです。

きっと、何か〝楽しみ〟があったほうが、体も心も元気になりやすいのではないかと、そう思ったからです！　これが医学的に正解かどうかは別として、そうするほうが、〝うれしい〟と直観的に閃いたからです。

そうして、それは、正解でした！

体がよろこぶ食べ物が、私の細胞と心を、元気にしてくれるものとなっていったのです！

食べたいものは、体に聞く!

セレクト・フリーのあり方が、
なにかと調子を良くしてくれた!

なんでもバランスよく食べると、私の体は、意外とすぐに調子が良くなってきたのです! これには本当に驚きました。

とくに、大好きなお肉をほんの少しでも食べられた日や、おいしいバナナやメロン、ホットケーキを口にした日は、心と体がテキメンに元気になるのを痛感しました♪

あたたかいお白湯と、ホットミルクやホットチョコレートは、心をじんわり温めてくれました。オニオングラタンスープや、牡蠣《かき》のクリームスープは、飲むだけで幸せな気分になれました。
(ちなみに、医師にあとで聞いた話では、私の場合、血管内に血栓やつまりができていたわけではないので、お肉を根絶する必要はなかったのでした)

体は、実によくできていて、その日に〝摂取したいもの〟を知っているものです。

疲れたら甘いものや酢の物を食べたがり、胃をいたわりたいときは消化のいいものを、活動的になりたい日やエネルギーを消耗した日には、お肉を摂りたがるものです。脂っこいものが続いたあとは、野菜や魚を！と、いうように。

また、体は、「あまり濃い味付けのものはほしくない。薄味がいい」とも、言ってくるものです。

それゆえ、病気だからといって、なんでも禁止する必要はなく、体に、「今日は、何が食べたい？」と聞いてあげて、それを食べさせてあげても問題ないのかもしれません。もちろん、これは、医学的な観点ではなく、私の体から導かれた教えなわけですが。

こういうことをお伝えすると、なかには、「自分がほしがるものばかり食べていたら、体がまたおかしくなるのでは？」と心配する人もいるかもしれませんね。

けれども、体はそんなにバカではありません。

むしろ、もっと本当に賢くて、「何を食べてもいいよ」と自分がそう許可したとしても、あまりおかしなものや、いまそれを食べるとよけい具合が悪くなりそうだというものを、ほしがることはほとんどありません。

実際、私が、「なんでも好きなものを食べていい♪」と自分に許可しても、体は「そうだなぁ～、今日は、鶏肉が食べたい。揚げ物はどうもいらないなぁ～」とか、「今日は、さっぱりした焼き魚を食べたいなぁ～。だいこんおろしとポン酢で♪」という具合に、そのときの状態にとって、〝適切なもの〟を伝えてきます。

同じ鶏肉を食べるのでも、揚げ物なのか、焼き物なのか、蒸し物なのか、どんな料理として摂るのが、いまの体調にふさわしいのかを、体はちゃんとわかっているかのようにセレクトしてくるから、心配いらないのです。

とにかく、体は自分の理屈より、もっとなんでも知っていて、賢いものです！

何を食べたいのか、体のそのフリーなセレクト感覚は、パーフェクトなので、驚くことになります！　なぜ、そういえるのかというと、体に素直に従ったとき、心と体の調子が確かにいいからです！

食材や料理をセレクト・フリーにするだけで、人は、とてつもない「自由」を得られるものです。その自由がくれる「制限なし！」と「寛大さ」は、自分の中の復活のエネルギーとなり、治癒力を高めるきっかけにもなっているのかもしれません。

もしかしたら、最もよくないのは、そのとき体がほしがってもいないものを、何かしらの理屈だけで「これを食べるべきだ！」と、押しつけることかもしれません。どんなに小さなことでも、「制限」や「禁止」は、ストレスと抑圧を生み出し、人のエネルギーを萎縮《いしゅく》させます。

病気を恐れるがあまり、誰かに教わった正しい食事法を厳密に守ろうとしても、それを食べる気がしなかったり、苦痛だったり、なんだかみじめになったり、辛いだけなら、意味がないのです。

ストレスになるだけなら、むしろ、逆効果なのかもしれません。

体に愛をもってのぞむなら、その愛に応えるかのように、体自身も自分の中にある回復力をしっかり働かせてくれるものです！

〝よろこびあふれる食生活〟という奇跡

アトピーを治した医者のやり方☆
そこには、むしろ自然な食生活があった

余談ではありますが、「体がほしがるなら、バランスよく何でも食べる♪」という、前項の話に続いて、ここであるエピソードをお話ししましょう。

以前、近所に、ひどいアトピーの子どもがいました。その子は、医者で、あれもこれもと〝食べてはいけない食べ物〟を告げられていました。

そのせいで、小学校では皆と同じように給食が食べられず、母親は毎日その子のために特別なお弁当を作って持たせていました。

しかし、その弁当の中身は、医師が〝これしかダメです〟と伝えてきた特定の許可食材だというもので、熊の肉やカエルの肉や、入手困難で高価な珍しい野菜ばかりでした。それゆえ、母親も食材選びと料理にほとほと困り、疲れていたし、それなのに、そこまでしても、子どもの症状は良くなるどころか、悪化するばかりでした。

実は、うちの子も小さい頃、アトピーでしたが、食べ物は何でも好きなものを食べさせていました。

というのは、うちの子どもが通っていた小児科・皮膚科の先生は、中国の権威ある先生で、自然治癒を基本とする方針で、「アトピーだからといって、なんでも食事制限する必要はない。むしろ、ふつうにバランスよく野菜も肉も食べればいい」と教えてくれ、そうしたところ、子どものアトピーがすぐに治ったのです。

それで、そのアトピーの子のお母さんに、その話をし、その先生を紹介すると、彼女はさっそくそこへ行ったのです。

すると先生は、その母親に、「なんで、こんなカエルだなんだと特殊なものばかり食べさせるんだ！ どこの医者がそんな無茶なことを!? この成長期の大事なときに、なんてかわいそうなことをしていたんだ。それがかえって、この子の栄養状態をひどくしている！ いますぐ、そんなことをやめなさい！ かわりに、ふつうの食事をバランス良く摂りなさい。野菜はたっぷりとるといい。給食は皆と一緒のものを食べていい。

そして、これは、お母さんに伝えたいことだが、衣類や寝具は徹底的に清潔にしておくこと！ 部屋もきれいにそうじすること。不潔な生活環境は、よくないわけだからね！」と言ったといいます。

そうして、飲みグスリは一切出さず、先生はご自身が研究し、独自処方でつくった天然の薬草でできた塗り薬を渡し、それだけをぬるよう指示したのです。すると、その子は、みるみるアトピーが治ったのです！

その親子に、私はとても感謝されましたが、それは私のおかげでも、その医師のおかげでもなかったのかもしれません。

その子自身が、ふつうにお肉やお野菜などの食べ物をバランス良く食べられるようになり、食事の禁止事項と抑圧から解放され、皆と一緒に給食を食べられるよろこびに出逢い、生きる希望とよろこびを持てたことで、自分の中の〝治癒力〟が高まったからでしょう！

たとえば、**なんでも食べられるというのは、病人はもちろんのこと、健康体の人でも、大きな〝よろこび〟となり、それだけで、心と体の調和がとれ、不調和な何かが改善されていくものです。**

いつも人間を治すのは、〝治癒力〟です！

もちろん、一時的に、何かしらの治療を施す必要がある病気もあることでしょう。しかし、最終的に、治るのは、人の心身に〝治癒〟が起こるからです！

そして、体はとても前向きで、治るための〝チャンス〟を与えられれば、自らの持つその〝治癒力〟をしっかり発揮してくれるものです。

太陽パワーをあびる

万物を生かすエネルギー、太陽☆
その光がくれる復活力は、すごいもの！

無理に外側に何かを探しまわるのをやめ、内側にある答えに身をゆだねるようにして過ごしていると、楽しい閃きがどんどんやってきます！

そして、体は、〝何を食べたいか〟だけでなく、〝どう過ごしたいか〟もまた、ちゃんとわかっていて、自分をより健康に、快適に、復活に向かわせてくれるものです。

あるとき、私は、もう一つ抱え込んでしまっていた病「パニック障害」の治癒に必要な生活習慣はなんだろうかと考えていました。

すると、突如、「お天気のいい日に、太陽の光をあびるといい！」と閃いたのです。

その閃きがやってきたとき、それが私を良いほうへ向かわせるものになるだろうとすぐに察知できました。「そうしたい♪」と強烈に思ったからです！

それで私は、お天気が良く、青空が広がり、太陽が燦々《さんさん》と輝いている日は、なにをおいても、外に出るようにしたのです。

目的は、とにかく、〝明るくまぶしい太陽の光を浴びる〟こと！　それによって、自分をまるごと、あたためたかったのかもしれません。なにせ、パニック発作が来るたびに、真夏でも寒さでガタガタ震えるほどでしたから。

それゆえ、何をするわけでもなく、ただお天気のいい日に公園や街中を歩くようにしたのです。

〝太陽の光をあびて、散歩する♪〟という、たったこれだけの習慣が、私の気持ちを明るく晴らし、体を軽くし、大きく癒してくれました。すると、やがて、夜中に悪夢を見ることもなくなっていったのです！

あとでわかったことは、「パニック障害」は、セロトニンの不足が招くもので、そのセロトニンをうまく増やせれば改善するということでした。

そのセロトニンを増やす最もシンプルで手っ取り早い方法のひとつこそ、〝太陽の光をあびる〟ことだったのです！

それを、初め私は知りませんでした。が、「お天気のいい日に、太陽の光をあびるといい！」という閃きがやってきたわけです！

そうして、ただ近所を散歩するだけではあきてくるので、今度は、もっといい場所へ足を延ばしてみたいと、太陽と海の素敵な宮古島に頻繁に行くようになったのです。

この宮古島は、かつて、船井幸雄先生がご招待してくださって秘書の女性の方とともに訪れたことで、〝とても、空気がきれいで、癒される、いい所だ♪〟ということを私は知っていました。

そこに、体をあずけたことは、本当に大正解でした！

しばし東京を離れ、情報遮断し、日常の喧騒《けんそう》から完全にぬけだせたことで、心の中の不安や恐れや混乱も鎮まり、魂が大きく解放され、想像以上に救われるものとなったのですから。

宮古島の美しい青空と太陽と海は、大自然の大きなパワーを持っており、私の体と心を芯からあたため、ほっとさせてくれました。その太陽の光をあびていると、自然と涙があふれてきて、すべてが浄化されていくかのようでした。

何よりも良かったのは、ひととき、自分が病気であることを忘れられたことです。実際、宮古島は、私の発作を止め、〝いま確かに生きている〟ということを実感させてくれました。

病んでいるとき、人は、〝大自然〟に帰ることで、その大いなるエネルギーにかんたんにふれることができ、内側から「甦《よみがえ》る力」を受け取れるものです！

天と地がくれるエネルギーが、人のエネルギーを高め、快方に向かうよう導いてくれるわけです！

ちなみに、宮古島は、ゼロ磁場スポットで、それゆえ、心と体と魂の不調を改善するだけでなく、運命を好転させてくれるような、不思議なエネルギーがあります！

「だから、ここへ来ると、なんとも言えない気持ち良さに出逢えるのか♪」と、行けば、誰もが実感できるような。

内なる導きやふとした閃きは、自分にとっての最善の場所へと導いてくれることがあるので、本当にびっくりします！

おなかをいたわる

神経を使うのをやめ、リラックスする☆
そして、もっと内側をあたためる！

うつ病やパニック障害の人にとってもとても大切なものとなるセロトニンは、「幸せホルモン」と呼ばれており、おなかをあたため、健康にすることで、分泌されやすくなるといいます。

それを知ったとき、私の心は、〝なるほど♪〟と、大きくうなずき、同時に、涙があふれたものです。

というのも、私は、いつからか、よろこびや楽しみや幸せな感覚から離れてしまっていて、辛い気持ちの中、生きていた気がしたからです。そう、倒れる背景で。

「おなかをあたため、健康にする」というのが、セロトニンの分泌の助けになると知った私は、さっそく、あたたかいものを摂るのを習慣にしてみたのです！

それまで私は、冷たいものを摂りがちで、真冬でも氷の入った飲み物しか摂っていなかったからです。それに、ストレスを感じると、やけ食いしているようなありさまでした。おなかをあたためるどころか、健康にするどころか、本当にひどいことをしていたものです。

そして、**あたたかいものを飲み始めると、なぜか、ただ、それだけで、ほっと安堵し、優しい気持ちになったものです。それを続けていると、徐々に、〝なんだか幸せ〟な感覚が戻ってきたのは、とても不思議でした。**

〝あたためる〟ということがこんなにも心と体に効果的であったのかと、驚いたほどです！

セロトニンが、おなかと直結し、神経と関与し、人の精神にも影響していることを知ってからは、辛いことがあったときはもちろんのこと、悲しいときや、さみしいとき、自分を慰めたいときには、積極的にあたたかいものを飲むようにしたのです。

すると、それが、お白湯であろうが、ホットミルクやホットチョコレートであろうが、味噌汁やスープであろうが、内側からじわじわと体をあたため、心をあたため、自分を癒していくのでした。

心を癒すと体は癒され、体を癒すと魂が癒されます。そして、自分自身が完全に癒されると、人生全体が癒されるようになるのです！ そのとき、まわりの景色も癒されたかのように、新しい日常と感動を見せてくれるものです。

ぬいぐるみという、癒しグッズの効用

夜は、優しい気持ちで眠り、
朝は、うれしい気分で目覚める♪

心や体を〝あたためる〟ことで、自分をいたわるとき、なぜかジーンと癒され、救われるということがわかった私は、おなかだけでなく、自分が着るものや、身を置く環境も、そう、部屋の中のムードまでも、あたたかいものにすればいいのではないかと閃きました。

そうして、さっそく、パジャマを買い替えることにしたのです。もっと、あたたかく、肌にふれて優しいものにすべく。

すると、それを察知するかのように、なぜか、20代のいとこが、突然、可愛いパジャマをプレゼントしてくれたのです。

「なみちゃん、これを着て、あたたかくして過ごしてね♪」と。

それは、若い女の子に人気のブランドの、ふわふわもこもこの柔らかなもので、まさに、自分がほしいと思っていたものそのもので、本当にびっくり！

着てみると、涙が出るほど優しくあたたかく、感動ものでした。それは、パジャマの素材がそういう、ふんわり身を包み込んでくれるものであったのはもちろんのこと、私を思いやってくれたいとこのあたたかい愛情が感じられたからです。

とてもうれしくて、私は、日中、家の中では、ほとんどそれを着て過ごしていました。

次に、ベッドのまわりももっとあたたかいものにしようと、大きなぬいぐるみを買って、横に置いてみたのです。自分の体くらいある巨大な、抱き心地満点のもの！

その大きなぬいぐるみは、私を子どものように素直にし、なにも〝がんばらなくていいよ〟と、気づかってくれているようでした。

ぬいぐるみを見るだけで、心があたたかく、優しく、おだやかになれると実感した私は、それからいくつかを買い足そうと思っていました。

すると、ある日、私の病気を知った8歳の甥《おい》っ子が、「なみちゃんがさみしくないように、これをあげる♪」と、可愛いくまのぬいぐるみを贈ってきてくれたのです！

なんでも、それは、自分のお誕生日に買ってもらったばかりで、自分がいつも一緒に寝ていたお気に入りのものだったといいます。それを、今度私が遊びにきたときに見せるつもりでいたのだと。

けれども、私が病気だと知って、彼なりになんとか力になりたいと思ったのでしょう、その大切な大好きなくまのぬいぐるみを私にプレゼントしてくれたのです。

そのくまのぬいぐるみを見ると、いつも大きく癒され、涙があふれてきます。あんな小さな子どもなのに、なんと大きなハートと愛情を持っているのかと。

また、妹は、私をなんとかおだやかに回復させようと、心や体や魂が癒されるものなら、なんでも頻繁に神戸から宅配便で送ってきてくれました。

裏起毛の靴下やパンスト、毛糸の帽子、マフラー、私の好きなスターのDVD、ピンクの小物、可愛いセーターなどなど！

そして、なによりうれしかったのは毎日のように電話で話を聞いてくれたことです！

こういうことがあって、私は、〝病気は、ただ、辛く悲しいだけのものではない〟と知ったのです。それは、むしろ、思いやりあふれる〝宝物の時間〟！

病気になったからこそ知ることのできた、人の愛や優しさや思いやりがあり、自分は決してひとりではなかったのだという、大きな支えをくれたものです。

余談ですが、「地獄で仏」という言葉があるわけですが、まさに、病気で絶望しているところに、仏のような優しい人たちが現われるわけです。

そういえば、知人のお寺のご住職が、以前、こんなことを教えてくれたことがありました。

「仏さまは、地獄にもおられるんですよ。いや、むしろ、本当の仏に出逢えるのは、自分が地獄のような状態にいるときです。

仏さまはどんな人も、決して見捨てない！　地獄でもがいている人を救うためには、落ちてくるその人を助けるために、自ら先にその辛い地獄の底に行き、待ってくれているのです。なんとも、ありがたすぎる話ではありませんか」

病気は本当に〝尊い贈り物〟です。それは、自分を大切にすることを教えてくれ、人との絆を強めてくれ、それまでのどこかまちがった人生の進み方をやめさせてくれ、新しい生き方を教えてくれるのですから。

辛い経験の中には、いつも、必ずそれ以上の〝宝物〟があるものです！

なぜ、うつ病・パニック障害になったのか!?

心が病んだ〝隠された原因〟を紐解《ひもと》く☆
そこには必ず「喪失」がある

それにしても、私は、なぜ、自分が「パニック障害」になったのかと、そればかり考えていました。誰よりもポジティブな私にとっては、謎に思えてしかたない病だったからです。

しかし、私は、原因をどこかで感じ取っていました。「このことが大きく、関係しているのかもしれない」と。というのも、私がエネルギーを失いはじめ、生きる気力を失った原因は、〝あの時からだ〟と、思い当たることがあったからです。

「うつ病」や「パニック障害」などの原因は、医師の目の届かない、〝患者本人の心の奥の深い領域〟に押し込められているものです。

それを、医師は、探りあてられない場合もあるし、探りあてられたとしても、それが病む原因とはなかなかみてくれないものです。それゆえ、薬だけが治療として先行し、治癒が遅れる原因なのです。

のちに、私がわかったことは、「うつ病」や「パニック障害」を抱えることになった人には、ある辛い出来事が引き金になっていることが多々あるということです。

その、ある出来事とは、「喪失」です。

失ったものは、人によってさまざまでしょう。しかし、共通しているのは、〝かけがえのない大切なもの〟を失っているということです。

それは、かけがえのない大切な人かもしれないし、かけがえのない大切な仕事やポジション、かけがえのない大切な夢、かけがえのない大切な活躍の場、かけがえのない大切な収入源かもしれません。

私の場合、思い当たるそれは、まさに、その「喪失」でした。そこには、愛する人を失ったショックと痛みと傷だけでなく、それによってダメージを受けた仕事や、損失や、不本意な人生の変化などがありました。それを私はかなりの年月、引きずっていたのです。

大切なものを失い、それによって自分の居場所や、自分の存在価値や、本来の自分自身までをも失うとき、人は生きる力を失ってしまうものです。

そして、「うつ病」や「パニック障害」になった人たちは、そういうかけがえのない大切な何かを失っただけでなく、それと引き換えに、持たなくてもいいやっかいなものを得てしまったということです。

それは、「絶望」です。そして、未来への「恐れ」です。

「喪失」によって心が受けた大きなショックや悲しみや痛みを、体力のみでかばえるものではありません。気力でも乗り越えがたい辛さがそこにはあります。

心と体からエネルギーが失われていけば、魂もダメージを受けるしかないのです。

そして、**最《もっと》もわかっておきたいことは、そういう人たちは、その「喪失」と「絶望」を〝癒す時間とチャンス〟を与えられないまま、ひとり今日まで生きてきたということです！**

それゆえ、病気になったのです！　そうなったのも、ある意味、当然かもしれません。

ホリスティック医学☆それは、すべてを癒すこと

完治するために、
いま〝わかっておきたいこと〟とは!?

前項の続きですが……考えてみれば、酷《こく》な話です。

たとえば、大切な恋人と別れたり、家族を亡くしたり、そういった人生上のとてもショッキングな辛い出来事が起こったとしても、人はそういうものを抱えたまま、また、明日から「職場」に戻らなくてはならないのですから。

悲しみを隠し、平気そうな顔をして、仕事をし、誰かと会い、話をしなくてはならないのですから。

そうして、何も知らない他人は、心を病んだ人たちに、ともすれば、こんな言葉を投げかけがちです。

「心が弱いぞ！　もっと鍛えたらどうだ」「暗い顔をするな」「最近、だらしないぞ。しっかりやれ！」「そんなことくらいで、甘ったれるな」と。

また、喪失や絶望を抱えたまま、まったくその痛みやシックから癒えていない人に対して、かばうどころか、厳しく叱《しか》りつけたり、批判したり、冷たくあたったりするわけですから、こんな酷なことはないわけです。

心の病は、まわりからは見えづらく、それゆえ、まわりからもケアされにくいものです。

たとえば、腕や足でも骨折していれば、まわりの人にも、〝この人はいま大きなケガをしている〟とすぐにわかってもらえ、「大丈夫？」と、声もかけてもらえれば、何かをサポートしてもらえたりもします。

一目で、ケガをしていることを示せれば、誰もその人に、「もっと〝重たい荷物〟を運べ」とも言わないものです。

なんなら、「重たいものなど、何ひとつ持たなくてもいいよ！ 代わりに僕たちがやるから」と、親切にしてもらえ、すぐにサポートされるものです。

けれども、心に負った喪失や深い悲しみや痛みや傷やショックは、他人には、〝その酷《ひど》さの程度〟をわかってもらえないことばかりです。

人生でかけがえのないものや大切な誰かを失っていたとしても、二度と立ち直れないほどの辛い出来事を経験し、いやというほどの苦しみを味わっていたとしても、そういう内面的なものは、まわりの人からはまったく見えないわけです。

それゆえ、まわりは、何も知らないがゆえに、その人に、さらに、何かしら〝きびしいもの〟や〝重いもの〟を持たせてしまうことさえあるのです。

「がんばってくれないと困るよ。君には重要なポストを与えているんだからね」などと、プレッシャーまでかけたりして。

その現実の残酷さを、誰が理解してくれるでしょうか。

自分ですらそれを理解できず、自己ケアする間もなく、しなくてはならない数々のことに、自分を追いやってきたのですから。

心や体を病むには、それ相当の原因を、人は知れず抱えていたということです。それを何も思いやれない人が「あいつは心が弱い」「甘えている」などという言葉で、傷つけたりしてはいけないのです。「がんばれ」なんて、もってのほかです！

さて、知人のホリスティック医療に携わる医師と会ったとき、彼はこんなことを私に話してくれました。

「ふつう医師は、患者がどこかが痛いといえば、それに効く薬を出す。しかし、薬で治らないことはたくさんある。

薬を出す前に、私たち医師や患者のまわりにいる家族や仲間が本当にすべきことは、その病気を抱えてしまった人の〝背景〟をしっかり思いやるということです。〝背景〟には、人に言えない悲しみや苦しみや痛みが、必ず隠されているからです！

それを、その人は、今日までひとり抱えてきたのです。しかし、その限界を迎えたかのように、病気になるわけです。

その〝背景〟を知ることなしに、病気を完治させるのは不可能で、ホリスティック医学が大切にすべきことは、人間が〝心を持った存在である〟ということを充分に理解する必要があるということです！

そのために、その人が、どんな苦しみをひとりで抱えているのか、よく話を聞いてあげることが、何よりも重要なのです！　話を聞くことで、そこから立ち直る術や、病気を治す最善の方法を、正しく見出すことができるからです」と。

そして、彼は、それが、私自身についても言えることだと、こう言葉をかけてくれたのです。

「だから、なみさんも、自分が病気になったその時期の、その近辺の出来事や状況を、よく思い出して、紙に書き出すといい。思い出すのは、辛いことかもしれないけれど、そこに、自分の心や体がやられてしまった、原因が必ずみつかるから。
そして、みつかったら、もう同じことをしないこと！そして、それを癒す必要があるなら、いまこそ、しっかり癒すこと！
そのとき、治そうなんて、だいそれたことを考えなくてもいいんだよ。元の元気な自分をただ取り戻せば、あとは、病気が自然に消えていくものだから」

「うつ病」や「パニック障害」に苦しんでいる人には、失ったものを癒し、自己を取り戻す時間とチャンスを与えてあげる必要があったのです！

それをまわりの人たちがサポートすることも大切ですが、自分が自分にそういう時間とチャンスを与えてあげることが、何よりも重要だったのです！

そのサポートとは、何も、精神科に通う時間をつくるとか、薬を必要量飲むということではありません。
失ったものを癒すために、失った自己を取り戻すために、正しく、いまの自分の心と体と魂と、環境、生活習慣を癒すということだったのです！
それによって、あなたがもう一度、ありのままで生きる〝よろこび〟を取り戻すということです！というのも、喪失のあと、人は、自分自身や人生によろこびを見いだせないままでいるからです。

どんなささいなことであれ、もう一度、自分自身に、この人生に、生きるよろこびになるようなものを持たせることができたなら、そこから素早く復活するチャンスを得ることができるもの！

そのとき、再び、元気な自分になって、望む幸せな人生を叶えることができるのです！

レイキ・ヒーリングという魔法

宇宙とつながり、すべてを好転させる！

「エネルギー・ヒーリング」という療法

自分の心と体と魂を癒すのに、最も素晴らしい力を発揮するものがあります。それは、「レイキ・ヒーリング」です！

実は、「自分の病気は、自分で治す！」と決めたとき、その日のうちにすぐにやったのが、レイキ・ヒーリングでした。

とるものもとりあえず、真っ先にそれをした理由は、病院の集中治療室で不思議な体験をしたときに、ハイアーセルフが、私に、こうも伝えてきていたからです。

「レイキをやりなさい……」と。

レイキとは、心と体と魂の必要領域に、自動的に働きかける効果的なエネルギー・ヒーリングです。

それは、特別なシンボルとマントラを使って、人体のエネルギーボディに働きかけるもので、手当て療法のような形で施します。

手から出るレイキの微弱振動エネルギーを自分に送ることで、癒しが自然に起こり、同時に、パワーアップ、状況改善などを叶えられるのです。また、自己変容や願望実現を担う神秘的な働きもあります。

その素晴らしいレイキのエネルギー・ヒーリング技術を扱う資格を、私は、もう何年も前に取得し、活用していました。が、その後、何年か、忙しさにかまけて、それを自分の心身に施す時間を持てずにいました。

「それをもう一度、しっかり日常に取り入れよう！」

そうして、私は、レイキのエネルギーを毎日、自分に流すことで、自分を癒していったのです。

人は癒されると、本来の自分を自然に取り戻し、また、すんなり前に進めるようにもなるものです。

ヒーリングの作用のおかげで、病気に対する不安や発作への恐れ、早く治さなくては！というあせりから、私は解放されました。また、思うように仕事をできない苛《いら》立《だ》ち、無力感や無価値感からも。

とにかく、ヒーリングによって癒されると、心はおおいなるものにひらかれやすく、受動態でいられるようになります。〝受け入れるべきものを、躊躇《ちゅうちょ》なく受け入れる〟（ありのままを肯定する）という自分でいられるようになります。

癒された状態で、心がひらかれると、〝導き〟(目に見えない領域からもたらされる意味ある啓示)にも、出逢いやすくなります。シンクロニシティが起こり、求めているものにタイミングよく出逢え、円滑現象にサポートされます。

そのとき、人は、自分が心の内側で本当に望んでいたものを、たやすく惹き寄せるのです。

いっそ自由に遊んでいて、いい♪

あまり深刻になり過ぎないこと☆
楽観するほど、みるみる良くなる！

日常的にヒーリングを取り入れて、心と体と魂を癒していったことで、何よりも良かったのは、病気を抱えたままの、このありのままの自分を肯定できたことです。

〝病があったとしても、そういう状態でも自由に動いていいし、そのままでもなんでもできる！〟という、圧倒的な肯定感に包まれたことです。

そうして、静かに内観する時間の中で、こんな心の声による〝導き〟にも出逢えたことです。「あせらなくていい。この際、しばらく、遊んでいればいい。楽しいことだけすればいい♪」と。

実際、何年も働き詰めでしたから、ほんのしばらくの間、そうであっても何も罰《ばち》は当たらないと思いました。

そうして、私は、完全復活へのシナリオを、そこから、ひとつ、ひとつ、与えられていったのです。

「これを機会にこれまで行きたくても行けなかったお芝居や音楽コンサートやライブに行って、めいっぱい楽しもう！　行きたい場所に出かけ、好きなことをし、自分を解放しよう！　動物園や遊園地にも♪」と、そう考えることによって！

そうして、**もし、自分が健康なら、こうしているだろう、こんなところへ行っているだろう、ということを、いまこのままの状態で（つまり、病気のままで）やってもいいのではないかと思い、実際、可能なことからそうしてみたのです。**

その思いと行動は、あるがままで、〝よろこびに生きる〟ことを、もう一度始めるためのきっかけをつくる、魂からの導きのようでもありました。

病気になるとき、たいがい、それ以前の随分前から、人は、何かしらの原因によって、いやなことやがまん、辛さや痛みや悲しみを抱えていて、そのせいで、〝よろこび〟を失って生きているものです。

元の健康な状態に戻るには、そういうものを一つ残らず癒し、解消する必要があるのです。もう一度、自分の心と体と魂がよろこびに満ちるような場面や出来事を、日常に増やして。

そういう、楽しく、よろこばしい、うれしい場面や出来事を通して、プラスの感情やエネルギーを内側から生み出すことによって、自己浄化や、パワーアップ、シフトチェンジを叶えることもたやすくなるからです！

プラスのエネルギーを内側から多く生み出すことで、治癒力も高まり、病んだもの

を快復させるためにも重要だったのです。

不思議なことに、私が「しばらく、遊んでいればいい」と、そうすることを心の中で決めたとたん、まるで、神様がみんなに言いふらしたかのように、いろんな人から、芝居や、コンサートや、ライブや、旅行のお誘いが突然やってきたのです！

仕事関係者や、友人や、その日出逢ったばかりの人までもが、なぜか、私の顔を見ると、楽しい行事に誘ってくれるのでした。

もちろん、いそいそとよろこんで出かけて行っても、そのときはまだ完治したわけではなかったので、芝居を観ている途中でも胸痛が起こったり、発作を恐れて途中で帰ったりすることも度々ありました。それでも、家にじっと閉じこもっているよりはよほど救われました。

そして、ある日、また、ふらっと出かけたい気分になり、街を歩いていると、偶然、知人の有名著者にバッタリ出逢ったのです。その彼自身、何も知らないまま、私を改善のきっかけへと導くことになるのです！

幸運のきっかけをくれたキーマンとの出逢い

宇宙は、〝治りたいあなた〟を、〝治る場所〟へと「招待」してくれる

ふらっと出かけた日、街で偶然バッタリ逢った著名人のKさんは私に気づくと、こう声をかけてくれたのです。

「あっ、なみさん！ 久しぶり！ こんなところで会うなんて、奇遇だね！ もし時間あるなら、コーヒーでもどう？」

そして、私たちは、近くのカフェでお茶をすることになったのです。そこで私は、病気になって仕事を減らしていること、日中は遊んでいるだけであることなどを話す

と、彼はこう言ってくれたのです。
「なみさん、もし、時間があるというのなら、今週やる僕のセミナーに遊びに来ない？ひとりでいるのはよくないよ。こんなときこそ、人と会っていかないと。とにかく、セミナーに遊びに来て！きっと、何かいい刺激になるかもしれないから」

人と人との出逢いを叶えるのは、きっと、神様にしかできないことなのかもしれません。思いもよらぬところで、こうして誰かとばったり出逢うこともあるのですから。しかし、その出逢いによって、いただいた〝ご縁〟をどう生かすのかが、自分の仕事なのでしょう。

そのお誘いに、私はとてもいい予感を感じ、「はい、ぜひ♪」と、よろこんで返事をしたのです。
当日、案内されて、「関係者招待席」に座ると、私の前の席にいた女性Hさんが、私を作家の佳川奈未だと気づき、話しかけてこられたのです。

彼女は最初、私がそこにいることに驚いていました。話の流れで、私が、体の不調を話し、そのせいで、今年一年は「ゆったり、のんびり、遊んで過ごす！　お芝居やコンサートをめいっぱい楽しむ♪」と決めているのだと話すと、彼女はカバンの中からなにやらごそごそとチケットを取り出し、こう言ってきたのです。

「あの、もしよければ、この芝居に一緒に行きませんか？　一緒に行くはずだった友人が、〝行けなくなった〟と、突然、今朝、連絡があって。それで、チケットが一枚余っていて、誰かを誘いたいと思っていたところなんです！

もしも、奇跡が起こるなら、なみさん、是非、お願いします！」

「いいよ♪　お芝居なら、私、行きたい！」

「エッ!?　本当ですか!?」

これには彼女も驚いていました。が、私自身、一番驚きました。というのも、ふだん一般の方とほとんど会うこともなく、ましてや、いま会ったばかりの人と、どこかへ行く約束をすることなど、一度もなかったからです。自分でも、なぜ、「いいよ♪」とすぐに答えたのか不思議なくらいでした。

それは、まるで何かにポンッと背中を押されたような、ふいに出た返事のしかたで、私を守る背後の存在がそうしたのではないかと思うような、衝動的なものでした。

それは本当にそうで、背後の存在が、私の背中を押していたのです!

実は、彼女に誘われて行った芝居の会場で、私は、偶然、自分の病を治すきっかけともなるK子さんと、〝運命的な出逢い〟をすることになったからです!

その出逢いをきっかけに、私は、薬の代替えともなる素晴らしいサプリメントを手に入れることになったのです!

その流れの奇跡を思うと、いまだに不思議で、偶然が起こした出来事とは思えないほど、感動してしまいます。

やはり、神様はいて、自分の魂はそこにつながっていて、〝何か〟を動かしているとしかいいようがありません。その〝何か〟とは、その人を救い、幸せにするための〝運命〟ということなのですが。その続きは、次の章より、お伝えしましょう!

Chapter 3

奇跡のもと☆
植物の魔法パワー

大自然の神秘だからこそ、叶う☆
すべてを癒す偉大な働き！

シンクロニシティ☆偶然という必然！

それは、魂が惹き寄せた⁉
救う人と救われる人がつながる瞬間

自分が動き出すと、なにかと物事も動きだすものです。そして、新たな運命も動きだし、そのとき人生に、新たな人がやってくるものです。

知人の著者のセミナー会場で出逢ったHさんにご招待されて芝居に行くと、すでに彼女は会場にいて、私が現われるとこう言いました。

「本当に来てくださるなんて、うれしい‼ 実は今日、私の知人も、偶然この芝居を観に来ていたんです！ ご紹介しますね」

そういって、紹介された方は、Kさん。Kさんは、Hさんから私を紹介されると、うれしそうな顔をして、こう言ってくれたのです。

「なみさん！　私、あなたのファンなの♪　本はもう何冊も読んでいるわ！　本当よ！　あなたの潜在意識や惹き寄せの法則、願いが叶う方法は、とてもおもしろくて、大好きなの！　きっと私たちは仲良しになれるね♪」

そして芝居を堪能したあと、その二人とカフェで話していたときのことです。そこで、私が病気を抱えていることをK子さんに話すと、彼女は大きなバッグの中からいきなりなにやら取り出し、こう、話を切り出したのです。

「それなら、なみさん、これを飲んでみて！　大丈夫！　きっと、治るわ！」

「何、これ？」

「魔法のジュースよ！　これを飲んで、私は不治の病を克服したの！　医者からは一生治らないとさじをなげられた病をね！　きっと、あなたの体にもいいはずよ♪」

まさか、このとき偶然出逢ったKさんとジュースが、私の症状を大きく改善し、薬と無縁にさせ、治るきっかけのひとつになるとは、夢にも思いませんでした！

しかし、**この〝偶然の出逢い〟は、決して偶然ではなく、まさに、神様が導いた〝必然〟的な出来事となったのです！**

その成分の持つ素晴らしい栄養素と医学的作用と神秘力によって、私はそこから、ぐんぐん快復に向かうことになるのですから！

治癒力アップに効果的なものとは!?

神秘の力「アロエベラ」は天の恵み！
奇跡の植物だからこそ、できること

魔法のジュースの正体は、「天然アロエベラ」でした！

その「アロエベラ」は、メキシコの広大な自然大地に育つ、1・5メートルもある巨大なもの！その大地には、まぶしい太陽の光が燦々と降り注いでおり、そのサン・パワーを「アロエベラ」は、一身に受け、たっぷり吸収しています。

しかも、その大地の気温は、50℃という灼熱《しゃくねつ》地帯。人間ならとてもじゃないけれどそんなところに居られないわけです。が、その「アロエベラ」は、それでも枯れない〝生命力〟と、〝細胞活性力〟を持っているというのです。

また、人間の体に必要な64種類もの栄養成分を含んでおり、恒常性機能にも優れているといわれています。液体だから、吸収率も高い！


その生命力やパワーや成分を体の中に摂り込むとき、不思議な力を授かることになるのです！


ちなみに、味は極めて薄く、それゆえ、何杯飲んでもまったく喉が渇かない、いや、むしろ、ひどい喉の渇きさえも一瞬でおさまるものでした。

とにかく、それは、飲むだけのかんたんなものでしたから、すんなり、私のサポーターのひとつとなったのです！

この「アロエベラ」をすすめられたとき、私はいやな気持ちが一切しませんでした。

むしろ、何かを説明される前に、その良さを実感し、感動したのです！

私の知らない、何かとてつもない偉大な力がこの飲み物にはある！と、直観的にわかったからです！

「これは私の体に絶対に良いものに違いない！」と。


さて、たとえばダイエットでも、病気を治すのでも、なんでもそうですが、「これがいいよ」と、人が教えてくれるものは、いろいろあります。そういう漢方やサプリメントは山ほどあるし、食べ物だっていろいろあります。

それゆえ、いいと言われるものなら私自身、なんでも惜しまず試してきました。

けれども、どんなサプリや食べ物を試しても、「これを、続けてみたい」と思ったものはありませんでしたし、体は何も声を発しませんでした。

それが、この「アロエベラ」のときだけは、「これだ！」という声が、はっきりと自分の中から聞こえたのです！

実際、**「アロエベラ」は〝奇跡の植物〟と呼ばれており、その不思議な成分作用の優れた働きについては、多くの医師や大学教授が発表しているほどです。**

このジュースをススメてくれたとき、Kさんは私にこんな言葉を、力強く伝えてくれました。

「とにかく、命あってこそ、生きられるのよ。可愛い子どももいるんでしょ!? みんなに夢を与える仕事をしているあなたが、病気になってどうするの！ 絶対に治そう！ そして、もう一度、復活するのよ！」と。

その言葉が私の中にある〝治癒力〟を刺激したのは、確かかもしれません。

肝心なのは〝ホメオスタシス機能〟

恒常性が、その人の内部環境を「元の正常な状態」に戻してくれる！

天然の「アロエベラ」には、「恒常性＝ホメオスタシス」の働きがあります！

「恒常性＝ホメオスタシス」とは、その人の内部環境を元の正常な状態に戻そうと調整する神秘的な働きです。

「アロエベラ」はその優れた働きを内蔵する〝奇跡の植物〟と、言われています！

そして、実際、「アロエベラ」のジュースを飲み始めてから、体調が好転してきたのです！　お通じがよくなり、すんなり眠りにつけ、なにかと吐くこともなくなり、肌もツルツルに！　ひどかったむくみもスーッと引いていったのです！

3週間くらい経った頃には、目がみずみずしく、うるうる感が現われました！　まるで、少女漫画の女の子の目のようにキラキラ輝いて♪

実は、病気をしてから、目は死んだかのように輝きを失っていたのを自分では気にしていたので、正直、この目に輝きが取り戻せたことは、とてもうれしかったものです。目というのは、こんなにも強い光を放てるものなのかと！（ちなみに、生命力の弱い・強いは、この瞳の輝きに現われるものです）

そして、飲んで3か月もすると、繰り返し出ていた口内炎やのどの炎症や痛みは、うそみたいにぴたっとおさまり、再発しなくなりました。

そんなある日、病院に行って検査を受けると、いつも上が190以上、下も100を超えていた血圧が、上136、下76くらいに下がり、心電図も健康な人のようになっていたのです！

その心電図を見て、医師は笑いながら、「僕の心臓より元気なんじゃないかな、これは」と、言うほど。

そうして、私は、体に良い変化が見えたことで、「このままいけば、きっと順調に薬をなくし、完治できる！」と確信し、次の行動に出たのです！

弱ったままでは、快復できない！

完全治癒へ向け、エネルギーを高める☆
すると細胞力もアップする！

次の行動は、自ら薬を減らし、やめていくようにするというものでした。体調のいいある日、こんなふうに思い立ったのです。

「薬を少しずつ削って体をごまかしながら、量を減らしていけばいい……。体は減らした薬の量に慣れ、減らされるたびそれに沿う……。すると、やがて、薬は完全にいらなくなる日がくる！」と。

とはいうものの、なんといっても、私の薬は心臓に関係のあるもの。以前から医師に「絶対に勝手に減らしたり、飲むのをやめたりしてはいけないよ！ 命にかかわるからね！」と言われていました。

それゆえ、心の声の通りにするつもりでいて、きっと、それはできるはずだと確信していても、念のため、医師に〝正しい薬の減らし方〟を聞いておきたいと、「セカンドオピニオン」にかかることにしました。

そして、都内のある循環器の名医を探し出し、予約を取ったのです。

そこでこれまでの病状経歴や、どんな仕事をし、どんな生活習慣でいるのかをすべて伝えると、医師はこう言ったのです。

「いま、そのアロエベラとやらを飲んで調子がいいというなら、それはそのまま飲み続けてもいいでしょう。体調もよさそうだし。お好きにやりなさい。

今の薬の量は、もっと少なくてもよさそうだ。薬を減らしたいというのなら、それもいいでしょう。まず、トライしてみましょう。

やり方としては、とにかく、今日まず、薬を半分に割って、減らした量を飲んでみてください。どうもなければ、次の日もそうしてください。そして、次の日も。

そうやって2週間続けて問題なければ、そこからまた半分にしてみてください。そして、それを続ける。すると、薬が要らなくなる日が来る。

しかし、もし明日、薬を半分に減らしたことで、少しでも何か異変があるようなら、ただちに元の量に戻し、減らすのをストップしてください。


自分の体に調子の良し悪しを聞きながら、徐々に進めてくださいね。無理したり、焦ったりしては、ダメですよ。


あとは主治医のところで、その経緯を伝えて、そこからまた指導を受けてください。

それでも心配なことが何かあれば、またここに来てもらっていいですから」

そうして、私は自分の心の中にやってきた、「薬を少しずつ削って体をごまかしながら、量を減らしていけばいい」を、安心して実行することにしたのです！

もちろん、体の抵抗力だけは決して落とさないようにと気づかうつもりで、食事に配慮し、アロエベラのジュースを、薬の〝代替サプリ〟のようにたっぷり摂り続けながら♪

薬を減らしたい、元気になりたいといっても、細胞が弱ったまま、無理に体をたたき起こそうとしても、どだい無理な話です。


弱った細胞に必要な栄養成分をしっかり与え続け、ある程度、細胞が力を持って元気になってからでないと、体は元気にはなれないし、良い変化を起こすのも困難だから！


そうやって、自分の体の様子をみながら、セカンドオピニオンの医師に聞いた通りを、主治医にも報告しながら、実行していったのです。

結果、当初、「一生飲まなくてはならない！」と言われていた薬が、不要になってきたのです！

そして、私は、再び、本を書けるくらいに、元気になったのです！

この経験がくれた一番素晴らしい贈り物は、なんといっても、「これで良くなる！」という大きな希望と、「生きる力」＝生命力を得たことでした！

薬では、心と体は養えない

薬は、一時的に症状を抑えるだけで、
病気はそこにまだ潜んでいるもの

薬によって、一時的になんらかの痛みや症状が治まったとしても、それは一時的に治まっているだけで、完全に消えたわけではありません。薬の力によって、抑えつけられ、陰に潜んでいるだけなのですから、治った状態とは、まったく違うわけです。

完治させたいなら、「健康になる！」それ以外、ないのです！ それには細胞力を高めることが大切だったのです。

そもそも、人間の体は薬を摂って生きるようにはなっていないものです。人間の体は食べ物を食べて生きていくようになっているのであって、薬では体を養えません。〝薬が体に合う人〟など、いないのです。

しかも、**薬を飲めば飲むほど、体が薬を頼るようになり、本来、自分が持っているはずの「自然治癒力」を失っていくことにもなりかねません。**

そういうことをよくわかっていなかった頃、なんと私は、「薬さん、効いてくれて、ありがとうございます」などと、すっかり薬を〝日々の友〟とし、親密な関係になり、頼りきっていたものです。

確かに、薬があることで抑えられる痛みや、やわらげられる苦痛というものはあるものです。そして、一時的にでも、救われることがあるのも確かです。たとえば、細菌やウィルスをやっつけてくれる抗生物質などは短期間で素晴らしい効力を発揮し、体にそれ以上の被害が出ないよう、強力にサポートしてくれたりするわけですから。

しかし、それも、最低限の必要期間飲めば、あとは自分自身の中にある治癒力にバトンタッチすることで、治ることができるわけです。必要以上の量を長期にわたって服用することが、いいわけがありません。

それが証拠に、他の箇所に副作用が出ることもあり、その副作用を訴えることで、また新たな薬が増やされることにもなっていくのですから。

ひとつの症状を抑えるために飲んだ薬で、別の症状を引き起こし、それを抑えるためにまた別の薬を飲むと言うことを繰り返していったら、いったい、どうなるでしょうか？

……薬漬け人間になるだけです。

そんな状態が、命をつなぐものになるとは、思いたくはないものです。

「栄養のある食べ物」と「消化できる胃」

あなたが元気でないとき、胃も元気でない☆
消化できるパワーを持つ人になる！

元気になろうにも、薬とさよならしようにも、患《わずら》った病や薬によって、体の〝抵抗力〟が落ちている限り、どうしようもない。抵抗力をつけ、体力をつけ、コンディションを戻すしか、元気になれる道はない！

そのためにも、必要な栄養をうまく摂り、細胞を元気にし、生命力を高めていくことが、必要不可欠だったのです！

たとえば、病気になると、食生活を見直すようにと医師に言われることがあります。しかし、現代人は、昔と違って、食べ物に困ることもほとんどありません。誰もが、そんなに悪い食生活をしている自覚もないことでしょう。

食は豊富にあり、誰もが、おいしいものやごちそうもたくさん食べることができます。しかし、おいしいものや、ごちそうが、必ずしも、体にいいとは限りません。

肝心なことは、本当に体が必要とする〝栄養素〟を摂るということです！

しかし、**細胞自身に栄養を吸収する力がなかったら、胃が元気でなかったら、摂った栄養素をうまく吸収できず、体の各部位に必要なビタミンやミネラルも運べません。**

しかも、栄養があるからといって、食べ過ぎるのはよくありません。

食べ過ぎて消化しきれなかった食べ物のカスは、体内に残留することにより、毒素化し、病気の素にもなりうるからです。

健康でいるためには、腹八分にし、胃や腸を酷使し過ぎない習慣が大切だったのです。

細胞が元気になると、エネルギーに満ち、頭も冴《さ》え、勘も働きやすくなります！

元気だと気持ちも明るくなれ、想像するもの、思い描くもの、行動の仕方、すべてポジティブになるもので、それを思うと、「健康こそが一番の宝物！」であると、痛感せずにはいられません。

自分にぴったりな方法を、みつける！

心がよろこぶ方法を取るとき、体はあなたの信じたものを通して、治る！

人が、「私はこれで治りました！」「これが効きました！」と言っても、その同じものをとり入れ、同じ方法をとっても、同じように効き目が表われるかどうかは、実際にやってみないとわからないものです。

そして、ここでお伝えしたい大切なことは、自分の不調を改善したり、病気を治したり、いまより良い状態にしたいというときに、情報を集めたり、何かを求めたりする場合には、その情報そのものではなく、その情報に出逢ったときの、自分の心や体の〝感覚〟や〝反応〟をみてほしいということです。

つまり、**心がパッと明るくなったか、希望を感じたか、訳もなくわくわくしたか、なんだか取り入れたい気分か、そういうことに注目してほしいのです！**

もし、何かしらのものに出逢っても、ピンとこなかったり、その気になれなかったり、気が重かったり、気がすすまないというのなら、それではありません。

心が何かを教えてくれるときは、リアルに反応するものです！

ちなみに、私は、漢方やサプリやアロエベラジュースはもちろん、他にもいろいろ、人が「これがいいよ」と教えてくれたことは、可能な限りぜんぶ試してきました。

しかし、なんでもやり過ぎると、かえって不安になるというのも経験しました。

時間とお金を使って、いろんなことをやっても、思う成果が表われないときは、がっかりするし、「やっぱり、治らない」と、気弱にもなってしまうからです。そんなとき、不本意にも、「あきらめるしかない」などと思ったりもするものです。

しかし、「じゃあ、病気のままでいたのか！」と、自分に聞いたとき、「いやだ！元の元気な自分に戻りたい！」と、心は素直な叫び声をあげていました。

肝心なものに出逢えなくなるのは、いつも、完治を「あきらめたとき」です。

不思議なもので、体はあなたの意図した通りに反応するものです。あきらめたとたん、細胞は力を弱めます。が、治すと決めたとたん、細胞も立ち上がるつもりになるものです。

とにかく、あせってはいけません。最善に出逢うためにも、リラックスし、何かが閃めくのを楽しみに待つのです。そうやって過ごしていると、ひょっこり、治るチャンスになるものをみつけたり、意外な良いものに出逢えたりして、事態が好転していきます。

あなたに合う方法は絶対にある！　ということであり、あなたが治る方法はいくらでもあるということです！

もし、あなたがなにかをみつけて「これだ！」「これこそが、治るきっかけになるのではないか！」というものに出逢い、よろこんで試したいと思ったなら、ぜひ、それをみかたにしてみてください。

そうして、「絶対、治る！」「ここからどんどん良くなる！」と、自分自身に言い聞かせ、明るい生き方をすることを選んでください。「この方法で治す！」と、自分の選んだ方法を実践するというのなら、それがうまくいくことだけを信頼してください。

その方法が、〝本当にいいのかどうか〟を難しく検証したり、証拠を求めるよりも大切なことは、〝私はその方法を使って治すんだ！〟という〝信念〟を持つことです。

〝信念〟は、「治癒」を起こす強力なきっかけとなるものであり、細胞を一致団結させ、治る方向へと導いてくれます！

〝治療〟ではなく、〝治癒〟を起こす

外側ではなく、内側から復活する！ それが元気な自分に戻れる秘密

ときに、医師たちが、「治らない」「手遅れだ」と言った患者が、奇跡の復活を果たした！という話が、この世の中を感動で巻き込むことがあるものです。

そういったことは、たいがい、〝めずらしいこと〟〝例外〟〝不思議なこと〟〝奇跡〟などとして、片づけられがちです。

が、それこそが本当は、「自然治癒力」のなせるわざであり、〝起こるべくして起こった〟当然の結果なのです！

大きな役目を果たすのは「治療」より、むしろ、自分自身の持つ「治癒」の力のほうです。「治療」は、〝外側〟からなされるのに対して、「治癒」は、その人の〝内側〟から起こります。

どんなに素晴らしい医療や科学の力によって質の高い「治療」が可能になったとしても、「治癒」の力が働かなくては、治るものも治りません。

それが証拠に、不治の病や難病を克服した人の体験談などを聞くと、自分がすべての治療をあきらめ、「どうせ死ぬのならば」と、自分らしく生きることを選び、自然体に戻り、いろんなことを最期にとなにかを楽しんだり、愛する人との時間を有意義に過ごしたりすることで、そこから、なぜか治ってしまったということがあるものです。

実際、私の知人は、20代の若さで、末期がんの宣告を受けました。何とか助かりたいと、放射線治療も受けていましたが、からだがよけいにひどくなっていくのを感じ、医師の言うことを無視して、病院に行くのをやめたのです。

そして、「どうせ死ぬなら、苦しい思いをして死にたくない。残りの時間は、愛する人とずっと一緒にいたい」と、当時つきあっていた彼と同棲しはじめたとたん、治ってしまったのです！

彼女は、「毎日、彼が優しくしてくれて、とても幸せだった。その幸せを感じる心が、私を蘇《よみがえ》らせた！」と言っていました。

「治癒」は、自己の内側の高い精神性や霊性を通して起こるのですが、それは、治し方をも知っています。そこに奇跡の根源があるわけです！

人の内側で自然に起こる「治癒」を「自然治癒力」と呼ぶわけですが、人間は誰でもその力を最初から持っています。本来、体は病気を治すのに必要な成分を自らつくりだす力も、治す方法も知っているのです！

しかし、不安や恐れや絶望、否定的、破壊的な思考を抱え、ストレスになるような環境に身をおいたままでは、「治癒」も起こりにくくなるわけです。

それゆえ、「自然治癒力」をうまく働かせたいなら、そういったものをうまく解消し、治癒力がしっかり発揮されるよう、自分自身が邪魔しないようにすることが大切なのです。

Chapter 4

よろこびの中で生きる☆自然治癒力の魔法

つながりを取り戻すとき、
あなたのすべてが復活する！

戦うのをやめたとき、辛いことは終わる

どんな状況も、みかたにすればいい☆
そのとき、運命は好転する！

病気になったばかりの頃、人は不安と憂鬱《ゆううつ》と混乱と恐れに満ちているものです。私も最初のうちは、そんな感じで、悲嘆にくれ、生きる意味を失っていました。しかし、そのくせ、「このまま死ぬのはいやだ！」「薬は飲みたくない！」などと、病気を受け入れず、毛嫌いしては、戦うことばかりしていたのです。

まるで、病気が憎い敵であるかのように！

そうやって、抵抗していると、そこで止まる。人生が。
そして、自分はどこへも行けない……。

しかし、考えてみると、病気というのは敵ではなく、私の命を守るために、私をかばうために、それ以上おかしな方向に行かないようにと、そこで私をストップさせるために、現われたものです。
あのハードで、耐え難い状態や、無理な生き方から、私をすっかり解放し、救い出してくれた、ありがたいものだったのです！

そして、あの手この手を使って病気に抵抗し、戦うことに疲れ果てたとき、ようやく、私は降参することができたのです。

「すべてを受け入れるしかない」と。

その境地に至るまで、本当に辛かった……。「入院は嫌だ！」「薬は嫌だ！」「一生治らないのはいやだ！」と、泣いてばかりいたのですから。

しかし、ひとたび、すべてを受け入れると、「自分が自分をこんなふうにしたんだ」というのもわかりました。誰のせいでもないと、悟ったかのように。

そのとき、「これまでのようにはいかない。いままでとは違う、〝別の生き方〟をするしか、もう、より良く生きる道はない！」「仕事ができなくなってもしょうがない。また、元気になったら、一からやればいいじゃないか」と、なぜか妙におとなしく素直にそう思えたものです。

そうやって受け入れると、なぜか、逆に、運命好転のキーマンとなる人や、良い変化や出来事がやってきて、あたたかいサポートを受け取れるものです。

もしかしたら、この本を読んでいる人の中には、いまだ自分の病気を受け入れていない人もいるかもしれませんね？

しかし、なんでもそうですが、受け入れていないと、自分以外の人や何かのせいにしたがるものです。

たとえば、自分が倒れたことを、会社のせいだ！　仕事のせいだ！　お金がないからこうなったんだ！　こうなるまで、私を助けてくれなかったパートナーのせいだ！　などと言って。

けれども、心と体と魂によろしくない状態へと暴走していたのは、他の誰でもない〝自分自身〟だったのです。

自分をかばってくれる人がいないから倒れたのではなく、誰も助けてくれなかったからこうなったのでもなく、〝自分が自分を、辛い方向に追いやるのをやめなかったから、倒れた〟というのが、本当なのかもしれません。

そういったことも理解して、受け入れると、何かが、突然、変わります！

ときには、受け入れるには、勇気が必要なこともあります。それまでの考え方や生き方を捨てることになるかもしれないからです。

それでも、前に進む勇気をもって、すべてを受け入れるとき、嘘みたいに、すべてがスーッとおだやかに落ち着くものです。

その受け入れ方とは、「ああ、こんなふうになってしまったのも〝自分の運命〟の一部であり、何かこうなる必要があったからなのかもしれない」「しょうがない。もう病気をみかたにするしかない」という、ものです。その境地になると、不思議なもので、人は、自然に、「ならば、この自分で精一杯、生きるしかない」という、いい意味での〝あきらめ〟と、前向きな〝ひらきなおり〟ができるものです。

そうなると、逆に、目の前が明るく開けてきます！ それは、本当に驚くべき変化です！ そして、大きな病気をした多くの方がこの心境を経験していることを聞くことがあるものです。人間はどんな環境の中でも「生きよう！」とする強さを持っているからなのかもしれません。

戦うのをやめたとき、辛いことは終わる！ どんな状況も自分のみかたにすれば、運命は自ずと好転していくのです！

甦《よみがえ》りの旅☆伊勢・熊野・高野山

神様から、もう一度「命」をいただく！
同行二人☆その旅路の不思議

「病気をみかたにすればいい！」「これをみかたにして、いましかできない日常を楽しめばいいんだ！」と、そう思えるようになった日から、私の運命は急速に良くなっていった気がします。

しかし、実を言うと、その心境になるまでは、「明日が怖い」「眠るのも怖い」「目覚めたとき、死んでいやしないか」と、まさに、そういう状態にいました。

そのせいもあって、退院後、私が真っ先にしたのは、神様に「命」を守っていただきたいと、お願いを伝えるということでした。

「助けてください！」は、神様にしか通用しない言葉。神のみぞ、私の命を知る者なのだからと思ったからです。

そして、生命や人生を生まれ変わらせるすごいご加護とパワーがあるという「熊野《くまの》神社」（熊野速玉《はやたま》・熊野那智《なち》・熊野本宮大社《ほんぐうたいしゃ》）へ〝甦り〟の旅に行ったのです！

それは、伊勢神宮参拝からスタートし、熊野三社へ、最後は高野山をまわるという、「レイライン」（パワースポット）をお参りすることでした。

ただ、そのときの私は、まだ、歩くのも困難だったのは確かです。ほんの10分歩いただけでも息が苦しくなり、胸が痛み、帰りは同じ道を40分以上もかかってしか歩けないような状態でした。

しかし、私は、どうしても行きたかったのです！

けれども、ひとりで行って、途中で私が倒れたら、誰もわからないだろうと不安に思い、神戸に住む妹に、電話でそのことを話したのです。

すると、妹は、最初、こう言って反対しました。

「おねぇちゃん、お願いだから、無理しないで！　おとなしく、家で寝ていて！　お参りは、体がよくなってから、行けばいいやん！」と必死で止めて。

しかし、私が、「生きていないと、あかんねん！　子どもたちをおいて、死ねない！　復活したいねん！」と何度もしつこく言ったので、遂に妹は、こう言葉をくれたのです。

「……わかった。でも、おねぇちゃんひとりは心配だから、私もついていく！」と。

そして、〝甦りの旅〟におともしてくれたのです。

伊勢から熊野、熊野から高野山へと、私は妹と二人で何日も旅しました。考えてみれば、妹と二人きりで、こんなに長い日数、旅をしたことなど、なかった気がしました。

「……ああ、こういう良い時間も、病気は私に与えてくれるのか……」と、妙に病気に感謝したものです。

もちろん、少し歩くと息が切れ、発作に襲われる心配がありましたので、旅の中では、貸し切りタクシーを使ってまわってもらいながら、歩けるところはなんとか歩いていくということにしていたのです。

熊野へ行くために「新宮」の駅で降りると、突如、ある言葉が書かれたポスターが私たち二人を出迎えました。そこには、「蘇生・7月11日」とありました！

それをみて、妹は叫びました。「おねえちゃん、これ！」と。それというのも、7月11日というのは、私の誕生日だったからです！〝何か意味がある！〟と、私もそう感じていました。

そして、「まず、一度、休憩を」と、すぐそばにあった喫茶店に入ると、ある席に案内されました。すると、なんと、その席の壁のところにも、さっきのポスターが！

これには、二人で顔を見合わせ、震えるほど感動したものです。

「きっと、おねえちゃん、よくなるんやわ！復活するということや！それを神様が一番に伝えてくれたんや！」

不思議な気分でお茶をしたあと、一番目に熊野速玉大社をお参りし、次に熊野那智大社に着くと、神社へと続く階段の下に、「自由にお使いください」という、「杖《つえ》」が置いてありました。妹は、それを手に取ると私に渡しました。

「おねぇちゃん、階段は危ないから、この杖を使って！」と。

最初、私は、「そんなのいらない！　自分で歩ける！」と、その杖を手にしませんでした。しかし、妹がしつこく、「お願いだから、この杖を持って行って！　途中で、いらなくなったら、私が持つから！」と何度も言うので、「杖」をついて歩くことにしたのです。

そうして、一歩、一歩、ゆっくりと、杖に支えられながら、階段を上がっているとき、突然、涙があふれて、止まらなくなりました。

「どうしたの？　おねぇちゃん、やっぱり、体が辛い？」

「ううん。違う……うれしくて……ありがたくて……涙があふれる……。おともしてくれて、ありがとう…」

それは、まさに、同行二人の姿でした。

神様はいつも人間に、影のごとくより添いながら、この人生を一緒に歩いてくださっていて……。まさに、それがいま、妹であることが、ありがたくて、泣けてきたのです。妹は、自分も子どもがいるのに、同居する義母にあずけてまで、この旅に来てくれたことが、本当にありがたくてしかたありませんでした。

そして、「杖」を使ったとき、はじめて、わかったのです！

「自分を支えてくれるものがあるというだけで、こんなに厳しい坂道も、安心して歩くことができるのか」と。「そして、その支えのなんと心強いことか！」と。

そして、自分を支えてくれる人のおかげで、自分はこの人生をここまで歩いてこられたのではないか、と。

妹も涙しながら、私にこう言った。「おねぇちゃんには、絶対に、長生きしてほしい！」

それは、私たち二人が3歳で父親と生き別れし、20代で母を亡くし、ずっと孤独で厳しい生活の中、姉妹二人で支え合い、励まし合って、ここまで生きてきたからこそ、私にだけはずっとそばにいてほしいという願いだったのです。

自分が自分を救うことが、他の誰かをも救うことになっていた……

そして、また、つくづく思った……やっぱり、人は、自分一人のためだけに生きているのではなく、意味ある人々とつながりながら、かけがえのないこの人生という宇宙のひとときを、生かされているだけなのだと。

人との絆が、生命《いのち》をつなぐ

かけがえのない大切な人たちが、
進むべき道をそっと教えてくれる

病気をしてから仕事をかなり減らしていましたが、私は、あるときから、何か、また、やってみたいという気になっていました。それは、本を書く以外のことでした。

そのとき、自然に、「もう一度、ファンの前に出たい！」と思うようになっていったのです。大勢の人の前でセミナーをするのがまだプレッシャーに感じるとしても、ファンと一緒に楽しめ、体に負担なく、不安要素のない、少人数で、アットホームな形でやれるものをやってみてもいいのではないかと。

そうして、ファンとの旅行や、神社参拝や、お食事会のイベントを企画し、ファン会員にお知らせしてみたのです。すると、すぐに皆は集まってくれました！

しかも、ありがたいことに、メルマガ等ですでに私の不調を知っていたファンは、なにからなにまで家族のように私をサポートしながら、そのイベントを成功させてくれたのです。

たとえば、私に発作が起きないように、休憩を多く取れるよう配慮してくれたり、階段や長い道を歩くときには、私の手をつなぎ、支えてくれたり、誰かがリーダー的存在になってイベントをサポートしてくれたりして。

本当に、うれしく、ありがたく、涙があふれてしかたありませんでした。ファンの方々のあたたかさと思いやりの大きさには、何をもってお返しすればいいのかと思うほど！

かつての私が、倒れるまで仕事をしていたのには、理由がありました。それは、こういう人気がものをいう世界では、〝休むと消える〟というジンクスがあったからです。

それゆえ、もし、長いこと本を書かないような状態になったりしたら、あっという間に消えてしまうのではないかと、恐れていたようなところもあったからです。

しかし、それは〝理屈〟が言う、嘘でした！

実際には、ファンは「先生の本を何年でも待ちます♪」「本が出なくても、これまで先生の言葉にたくさん救われたので、一生応援します！」「以前はなかった、一緒に旅行できるイベントを企画してもらえ、むしろ、うれしいです!!」と、あたたかいお言葉やお手紙をたくさんくれたのですから。

そのとき、絆というのは、すごいものだと痛感するとともに、大きな感動を覚えました。思いは本を通して確かに伝わっていて、心の中でつながっていたのですから！

しかも、旅行イベントやお食事会のとき、このときだけはと、写真撮影をオープンにしたこともあり、ファンのみんなはたくさん写真を撮り、楽しんでくれていたようです。それを素敵なアルバムにして、毎回プレゼントしてくれたほど。

そこには、幸せそうに笑っている私の顔が、楽しそうに生きている姿が、たくさんありました。

私は、それを見て「生きている！　私は確かに生きている！　病気でも生きているし！　本を出せなくても、応援してもらえているんだ！」と、痛感し、感動し、また泣いていました。そして、それが、なによりもの私の宝物になっていることは、いうまでもありません。

本当に、ファンの皆さんには、感謝しかありません、みなさん、本当に、ありがとうございます。

おもしろいもので、すべてをあきらめ、降参し、潔《いさぎよ》くすべてを受け入れると、完全浄化されるというか、無になるというか、何か「真空状態」にほうり込まれます。

そのとき、宇宙との一体化が起こっているから、来るべきものが、たやすく来るようになるのです。幸運な形で！

治ったらしたいことを、いまやる！

〝よろこび〟に生きる☆
それこそが、最も シンプルな復活の方法

思い返せば、病気をするどのくらいか前から、私はこの人生に〝よろこび〟を失っていました。

よろこびが失われるとき、魂はエネルギーを生み出せなくなり、心や体にそのエネルギー的なひずみが出ます。そして、病気になるのです。

よろこびに生きるとは、「生命力」という魂の源から湧きあがるエネルギーに満たされて生きるということでもあります。また、自分が何かをする・しないに関係なくただ存在するだけで価値があることを理解し、ありのままの自分でいることを許すことでもあります。

自分が〝良い子にしていたかどうか〟などに関係なく、ただ、イキイキしていてもよく、それゆえ、そのために、何か〝よろこび〟を見出してもよかったのです。よろこびに沿って生きるのに、いちいち〝特別な理由〟などいらなかったのです。

病気になってしまったときほど、この〝よろこび〟に生きるということは、重要なこととなります。というのも闘病生活には、何かと辛いことが多いからです。なにかとテンションが低くなり、沈みがちになってしまうからです。

毎日、病気を治すことばかりで頭をいっぱいにし、それだけが目的であるかのような窮屈な過ごし方をやめ、かわりに、現状がどうであれ、ありのままの自分を楽しんで生きることが何よりも大事だったのです！

自分から気がまぎれることをみつけ、何か創造的で楽しくなるようなことに向かうべきなのです。そうするとき、「病気を治す」という目的は、すでに半分達成されたも、同然です！

病気のとき、最も素晴らしい生き方は、「治ったら、こういうことをしてみたい♪」「元気になったら、きっと私はこうしているはず♪」という、そんな、楽しく、うれしい〝したいこと〟を、そのとき、可能な限り、やってみるということです。

すると、それだけで生きる〝よろこび〟が湧き上がり、何かが良くなるのがわかるものです！

もちろん、まだ病を抱えているうちは、何かをやるといっても、その〝程度〟というのは、小さなものかもしれません。元気なときのように、なんでも勢いよく、バンバンやれるというのではないかもしれません。

しかし、それでもできることはたくさんあります！

ベッドの上でも、絵を描いたり、ものを書いたり、あみものだってできます。調子がいいなら、外にだって、出られるかもしれません。散歩だって、旅行だって、可能なのです！

そのとき、元気なときなら3時間歩けるところが、ほんの10分とか、多くても30分程度しか歩けないかもしれません。が、それをやれたことで、生きるよろこびを感じるものです。

肝心なことは、何かをやるというとき、その〝程度〟や〝時間の長さ〟が大事なのではなく、「それを、こんな私でも、いまやれる♪」「病気でも、それをするのは、ありだったんだ♪」とわかることが、大事なわけです！

そこにこそ、人の内側からほとばしるエネルギーがあり、希望があり、生きるよろこびがあるからです！ そのよろこびが、復活のきっかけとなるのです！

もっと光を取り入れる！

うれしくなる日常を過ごすほど、
心と体と魂と人生に奇跡が起こる♪

〝よろこび〟に生きることが、「完全治癒」を叶えるということがわかった私は、とにかく、日常の中に、〝よろこび〟を増やしていくようにしました。

それは、自分自身や状況に〝光〟を取り入れることでもあり、つまり、キラキラして過ごすということでもあります。

「病人は沈み込んでいるしかない」と思うのは、まちがいです！　明るくハッピーであっても、いいのです！

実際、私はある時期からそう感じはじめ、それゆえ、〝病気が治る前に、すでに病気が治ったかのように、明るく楽しく過ごす〟という生き方を、習慣にしていったのです！ 笑って過ごすと、免疫力もアップすると聞いたこともあります。

すると、それだけで、心も体も魂も無条件によろこび、すべてが癒されていくのを感じました。

とにかく、気持ちが明るくなること、気分が晴れ軽くなること、自分が高まること、安堵《あんど》できること、好きなこと、楽しいこと、うれしいことに、率先して関わることです！ そういったことなら、何でもいいのです。

たとえば、部屋を明るくするというような、シンプルなこともとても効果的で、あなたの心を明るく、軽くさせてくれるものです。

私の場合、退院したとき、すぐに、カーテンを紺色から花柄の可愛いものにチェンジしました。また、ピンクのクッションを買い足し、見ているだけで心癒される置物を置き、可愛いお花を飾りました。とにかく、暗い色に囲まれて、暗い気持ちでいて、家の中でふさいでいたくなかったからです。

そして、窓をあけ、風を入れ、空の青さを部屋からでも楽しめるようにしたのです。自分の部屋からすぐ出られるバルコニーを、お気に入りのガーデンにすべく、白いチェアと白いテーブルを並べ、可愛いオブジェを飾りました。バルコニーには朝からよく太陽の光が射し込んでくるので、そのあたたかい太陽の光をあびながら朝食をとり、ボーッと青空をながめて、午前中の時間をゆっくり過ごしました。

どんなものに取り囲まれて生活をしているのかは、精神の働きにとても大きな影響を及ぼすものです。

それゆえ、長時間いることになる自分の部屋や、身を置く空間のインテリアのカラーやムードを明るくしたり、好みのものにしたりするのは、かなり効果的でした。

また、身につけるものも心理的な影響を与えるものです。それゆえ、服装も、黒やグレーばかりではなく、気持ちがなごむパステルカラーや、元気になれるビタミンカラーにし、気分を明るく保つようにしました。

そして、やはり私が「これが結局、一番元気になれる♪」と感じた過ごし方は〝好きなことをすること〟でした。

本を読むこと、音楽を聴くこと、映画を観ること、ウィンドウショッピングすること、コンサートに行くこと、そんな好きなことを可能な限り自分にさせてあげたのです。

仏像をながめること、マントラを唱えること、瞑想《めいそう》することも！　妹と電話で話すこと、好きな人や気のあう友人と会うことも！

また、病気が治ったら、こういう仕事をしてみたい、こんな夢を叶えたいというものをプランしたり、ノートにアイデアを書いたりもしました。

なにか閃いたことをノートに書くというだけで、それは神聖さを帯び、やがて、それを叶えるためにも、元気にならなきゃ！と、自分に〝気〟が入ったものです。

こういったことを〝率先してやる〟ことが大切な理由は、人は、病気になると、その瞬間から、そういったことができる自分であったことを忘れ、「もう何もできない……」などと思い込んで、日常をふつうに楽しむことや、ありのままの自分で生きるよろこびを、完全に失ってしまうからです。それゆえ、率先してやって、ちょうどいいのです。

人は、気分が明るくなれること、快適に過ごすこと、好きなことをやること、何かを楽しむことで〝よろこびから生き、幸せになれる〟ことが、日常に増えるほど、心と体と魂に、光を取り入れることに成功します！

そのとき、命の光はキラキラ輝きはじめ、内側からとてつもないパワー（生命力）を生み出し、その力ですべてを治癒していくものです。

エネルギーをくれる人と、会いなさい

一緒にいて、ほっとする人、楽しい人、
元気になれる人は、誰ですか？

「治癒」の力を高めてくれるものが、ここに、もうひとつあります。それは、「愛」です！「愛」のエネルギーこそ、〝治癒の奇跡〟を叶える最も素晴らしいものです！
その愛は、人との心ある〝つながり〟から、大きく流れこんでくるものです。

それゆえ、一緒にいて、一番自分が心癒され、安堵《あんど》する人、愛する人、好きな人と、可能な限りともに時間を過ごすことは、とても効果的です。ただ、そばにいるだけで心がなごみ、おだやかになり、自然に元気になれるわけですから。

また、なにかと笑い合える人、前向きになれる人、楽しい人、気分が楽になれる人、より良く高まる人、精神的に良いものを受け取れる人など、そういう人とふれあう時間をとても日常的に増やすといいのです。

とにかく、幸せでいられる人たちと、一緒にいることとです！

そういう人とともにいい時間を過ごし、わかりあえ、受け入れあうとき、プラスのエネルギーを介して、「霊的」な共鳴が起こるものです。それが、生命の源をも振動させ、奇跡のもととなる、高い自然治癒力を生み出します！

人との〝つながり〟から起こる癒しこそ、なによりも、人を強力に癒し、高めるものだからです！　そして、そのとき、この現実世界の辛い現象もなぜか同時に癒され、すべてが良くなるほうに、好転するのです！

愛あるものにふれることが、なによりも自分の命を救い、支えるものになるのだということを、私の場合、かけがえのない宝物である子どもたちや、妹（親を亡くしたあと、何かと助けあい、支え合ってきた存在）と一緒にいることで気づかされました。また、ともに仕事をしてきた気のあう仲間もそうでした。

病気のとき、私は、どれほど辛い気持ちや状況を抱えていても、子どもたちと一緒に過ごす時間があると、たちまち癒され、平和でいられました。

といっても、もうみんな、成人した大人ですが、彼らがわざわざ時間をとって、一緒に神社仏閣めぐりをしてくれたり、ドライブしてくれたり、おいしいものを食べに連れて行ってくれたりしたときには、本当に癒され、元気になったものです。

子どもたちと一緒にいられる時間に、私は将来についての前向きな話をたくさんすることができました。これまで多忙を極めていたせいで、なかなかまともに会話できなかったこともあり、それを挽回するかのように、〝伝え残しておきたい大切なこと〟は生き方でも、仕事の仕方でも、人間関係のことでも、ささいな習慣的なことでも、なんでも話しました。そうするだけで、私は安心しましたし、それは子どもたちも同じでした。

お互いに、そこに存在していられることこそ、かけがえのないことなのです。

人との絆が起こす〝愛の力〟は、心と体と魂に高いエネルギーを流し込み、どんな不可能をもくつがえす力があるものです！　愛があるから、奇跡も起こるのです！

自分を優しくいたわる

セルフケアをすることで、
心も体も魂も、人生までもが、甦《よみがえ》る！

病気であれ、そうでないのであれ、人間にとってとても大切なことがあります。それは、「自分を優しくいたわる」ということです。そのためにも、無理しない、がまんしない、辛いことに耐え続けない！ことが、何よりも大切だったのです。

というのも、**そもそも、何かを無理している、がまんしている、耐えている！ということ自体、〝しなくてもいいことをやっている〟という証拠であり、自分を不必要に追い込むことだからです。**

自分の身に何が起きているのかについては、自分で気づくしかありません。

外からしか、あなたをみることができない他人には、あなたが無理をしているか、何かをがまんしているのか、辛いことを耐えているのかなど、わからないからです。たとえば、そういったものを察することはできたとしても、その程度については、はかり知ることができません。

それゆえ、無理やがまんや耐えることが起こっていると気づいたら、そこから自分を引き離すか、それをやめるかして、自分をケアすることが大切なのです。

「自分を優しくいたわる」の基本は、自分に対して、愛をちゃんと与えることです。そして、当然のごとく、必要な、睡眠・休息・栄養も、しっかり与えるということです！

自分に対する愛がないと、人は、自分をピンチに追いやりやすくなるものですし、まわりや運命が厳しいことを突きつけてくるのを、容認しがちになります。

たとえば、自分に対する愛が失われると、平気で自分を酷使し過ぎるようになります。

自分を愛するのをあとまわしにした仕事人間の人や、自分に厳し過ぎる人の中には、自分の体や心の疲れを無視して、「これがすんだら、休めばいい」「もう一つこなしてから、休もう」と、〝何かをやること〟を優先し、〝休息〟や〝解放〟をあとまわしにする傾向が強いものです。

しかし、**「疲れてから休む」のではなく、「疲れる前に休む」「疲れそうだから、ひと息入れる」「眠気が襲うから、いったん仮眠する（あるいは、一度ぐっすり眠る）」というようにしてもよかったのです。むしろ、そのほうがすべてはかんたんに救われるからです！**

いったん休息したり、自分を癒したり、解放したりしても、何も罰《ばち》はあたらないし、効率も落ちません。

休息は、〝がんばった人に対してのみ与えられるご褒美〟ではありません。何もなくても、元気でも、取っていいものなのです！

いつでも自分が、「くつろぎたい」「リラックスしたい」という気持ちになれば、そうしていいし、必要なら一日に何度でも、そうしてもよかったのです！

そして、自分を壊さないためにも、病気にしてしまわないためにも、初めから、むしろ、そうしておくべきだったのです。

もう、なにも恐れなくていい

忙しいから病気になったのではない☆
隠された「恐れ」が病気を招いた!?

病気になった人の中には、「病気を抱えてしまった」という、それだけでも辛いのに、病気になったことで自分を責めたり、まわりからいろんなことを言われたりして、もっと苦しむ人がいるものです。

たとえば、「病気になるのは、何かバチが当たったからだ」とか、「カルマのせいだ」「前世に悪いことをしたから、その報いだ」「エゴが強かったからだ」などと、解釈をしては、自分を責めがちですし、人にもそう言われて傷つくことがあるものです。

しかし、そうではありません。

そんな〝まちがい〟を他人からふきかけられたり、自分で勝手にそう思い込んだりしないでください。そんなことで、自責の念にかられたり、見えない何かに怯《おび》えたりして、もっと生きづらくしないでください。

わかっておきたいことは、病気はなにも、あなたをこらしめるためのものでも、神様が怒っているのでも、運命があなたを責めているのでもないということです。

むしろ、その逆で、あなたがする必要のない〝無理な生き方〟を止めたい、これ以上、あなたを〝辛い目にあわせたくない〟〝ここで、救い出したい！〟からこそ、魂が必然的現象として、あなたを守るためにそこでストップさせるために現われたものにすぎません。

いつだって、あなたは、神様に愛され、運命に愛され、守られていたのです！

もっと自分に優しくしなさい、自分を癒しなさい、辛い生活から抜け出しなさい、無理をやめなさい！　と、そう教えてくれていたのです。「そんなことをしなくても、もっと楽に、おだやかに、幸せで豊かな人生を叶えられる」のだと！

たとえば、仕事にばかり自分を追いやり、働き詰めで体を壊した人たちは、「会社のため、家族のため、みんなのために！」と、〝ひとりでがんばりすぎた〟のです。自分を酷使するばかりで、自分の疲れや痛みや辛さをかばうことを後回しにして、社会のため、家族のため、子どものためにと、持ちうる時間やエネルギーのすべてを使い果たしてしまったから、倒れるところまできてしまったのだということです。

たとえば、「人さまのため、社会のためになるような人になりたい！」という、立派なスローガンを抱えていたとしても、その「人さま」の中には、〝自分自身〟も入っていることを、忘れてはいけないのです。

神様はなにも、「会社のために、家族のために、まわりのために、社会のために、あなたは自分を犠牲にする必要がある」とは、ひとことも言っていないのですから！

さて、治ったいまだからこそわかりますが、私が病気になったのは、ただ、過労と過度のストレスが続いたからというだけではありませんでした。

そういったことの背後に、大きな「不安」や「恐れ」を隠し持っていたからです。『ホリスティック医学』の項目のところでもお伝えしましたように、必ず、病気の背景には、その人だけにしかわからない痛みと苦しみが、心の中に隠されているものです。それが、限界に達したとき、「病気」として、現われるだけに過ぎなかったのです。

恐れは、恐れゆえに、その恐れていることが起こらないようにと願うがあまり、必要以上のことを人に強要してしまうものです。まるで、それをすることを止めたら、大きな不幸が襲うかのようにも、思わせるものです。

しかも、**恐れや、そこからくる数々の心配は、脳も心も体も支配し、気持ちを弱らせ、免疫系を弱らせ、抵抗力を弱らせ、神経をまいらせ、エネルギーをダウンさせ続けます。**

すると、病気や不運を呼び込みやすくなるものです。

恐れに支配されていると、人は、辛いとわかっている状況からも、なかなか抜け出せなくなります。自分自身を萎縮《いしゅく》させてしまい、本来の力や能力も発揮しにくくさせ、それゆえ、絶望的な気持ちを抱えやすくなるわけです。

恐れと絶望が手を組むのは、人をエネルギーダウンさせる最も手っ取り早い方法となってしまうものです。それこそが、本当に、怖いことです。

だからもう、何も恐れなくていい！ きっと、ここから、良くなるのだと安堵するのです！ その生き方が、それを叶えるものとなります！

もう一度、輝きを取り戻す！

失われた自己を取り戻すとき、
あなたは再び輝く人になる！

過労と過度のストレスがかかっているうえに、精神的なダメージや追い打ちがあって、人が窮地に追い込まれるとき、その人の中に、生きることへの「恐れ」が根付き、その恐怖によって、生命力がダウンし、病気が誘発されることにもなるわけです。

それゆえ、見落とされてはいけないのは、人間の心の働き、つまり、その人が、どのくらい長く辛い精神状態をひとりで抱えていたのか、そして、どれほど、それをひとりで改善するのが困難だったのか、また、その影響を多大に受け続けていた魂＝霊性が、どうなってしまっていたのか、です。

心と体と魂が病むとき、人は病気になるしかなくなります。それは、生き方を修正するための、グッドタイミングなサインでもあります！

逆にいうと、**病気になったのは、魂が傷つき、病んでいるということですから、早く魂が輝くような精神状態や生活習慣に戻す必要があるということです。失われた自己があるなら、何よりも先に、自分を癒し、優しくケアし、助けるべきなのです！**

また、覚えておきたいことは、病気になる人はまわりに、「無理してはダメよ」と止めてくれる人がいなかったのではなく、自分をいたわってくれる人がひとりもいなかったからでもなく、〝自分が自分を止めなかったから〟病気になってしまったということです。

いくらまわりが、「仕事もほどほどにして、早く寝たら」と言っても、暴走しているのは自分だったのですから。

定年まで働き詰めで、ようやく楽になれると思ったとたん、病気で倒れたり、死んだりするなんて、おかしいのです。一生懸命家族のためにがんばってきた人の最期の結果が、病気だなんて、そんなことは、おかしいのです！


体は自らを痛めてまで、それ以上、間違った方向へ、辛い方向へ行かないようにと、あなたを止めていたのだとしたら、体が負った辛さを思いやってもいいくらいです。

「ごめんね。もう、そんな辛いことをしないからね」と。


もう二度と、誰も、心にも、体にも、魂にも、無理な生き方を強要しないでほしいのです。恐れや心配から、問題を深刻にしないことです。

そして、恐れではなく、愛や、よろこびから、生きるようにしてほしいのです。

そうすれば、すべてがみちがえるように変わります！

幸せに「ウェルネス」を生きる

そのままのあなたでいい☆
そのときすべてがパーフェクトになる♪

どんな病気も無意味には起こりません。また、この人生で自分に起きることは、それが辛い出来事でも、不運に思えるようなことでも、そのときにはすべてが正しく、それなりの意味があるものです。

そして、それ以上の「宝物」が隠されているものです！

病気を克服する過程で、私は、心と体と魂に優しい、統合的で創造的な生き方をするようになりました。そこには、たんに「ヘルス」（健康体）でいるのではなく、「ウェルネス」（心身ともに健康で、魂がイキイキと輝いて生きられる状態）があります！

人は、「ウェルネス」を叶えることでこそ、より幸福で豊かで満ち足りた人生を、かんたんに送れるようになるのです！

「ウェルネス」とは、まさに、心と体と魂がうまく調和した、生命力に満ちた、明るく元気な状態です。

「ウェルネス」で生きるためには、ありのままの自分で存在しているだけでも充分価値があり、何かをする・しないにかかわらず、自分はそもそも素晴らしい存在なのだと、気づき、のびのびと自由に生きることが大切です。また、いま、こうして、〝生かされていること〟を尊び、感謝することです。

とにかく、誰かと自分を比べる必要はなく、自分は自分らしくいるだけでいいのです！他人に見せるためだけの自分や生き方をつくる必要はないのです！

いつでも素直に、心が向くものに自分を向かわせてやり、いやだと言っていることは無理にさせない思いやりを、自分のために持つだけでよかったのです。

何かを早くやる必要も、多くこなす必要もないのです。また、生き急ぐ必要はなく、快適に、ゆったり流れる人生の中にいてもいいのです。

他人と同じペースでなく、自分に無理のないペースで進んでいいわけです!

また、他の人の意見ばかり気にして聞きまわらなくても、遠くへ何かを探しに行く必要も、ないのです。そんなことをすればするほど、よけい自分が混乱し、そのせいで、どんどん自分を見失っていくことになるのですから。

それよりも、もっと自分の心の声に素直に耳を傾け、どうありたいのかという望みに沿い、よろこびに満ちた生き方をしてもいいのです。

まわりに合わせて何かをする必要も、同じことを目指す必要もないのです。まわりに力があって、自分は無力だなどと思う必要もなく、胸を張って堂々と自分自身を生きていいのです。

生きづらくなったり、人生に迷ったりしたときには、いつでも内側に入り、自分の心の声を聞いてあげてください。そこには、自分を幸せにするたくさんのヒントがちりばめられています！

とにかく、これまで、あなたは、ただ、ただ、一生懸命やってきましたね。でも、もっと、楽に、ある意味、少しくらい、ちゃらんぽらんに、生きてもよかったのかもしれません♪

神様は、何かがうまくできるあなたや、成功している偉いあなたでなくても、何をやらせても不器用で、失敗ばかりのあなたであったとしても、そのままで、とてもかわいく、愛《いと》しく、大切で尊い存在とし、守ってくれているものです！

自分がいまこの自分で〝生かされていること〟を祝福し、生かされていること自体、神様に、宇宙に、無条件に愛されている証拠だとわかってほしいのです。何も、どこにも、がんばりすぎる必要など、なかったのです。

それを心から理解するとき、魂レベルで救われることになり、引き続き、この現実のすべてが救われることになります！

さて、病気は、生き方を修正するチャンスでもあります。また、どんな病気も無意味には起こりません。それ以上の「宝物」が用意されているものです！

といっても、その尊さを、病気の渦中で理解するのは難しいかもしれません。実際には、辛くてしかたないわけですから。

しかし、病気は確実に、〝それまでの辛い生き方〟をやめさせてくれる、ありがたいものです！その〝まちがった生き方〟とは、あなたが間違っている！と、あなたという人間を否定するものではありません。

あなたが自分を辛い方向にばかり追いやっているのは、まちがっている！　そんなに必死にならなくても、もっと、楽にしていても、あなたは良い人生の中にいられるのですよ♪と、教えてくれているということです。

病気を克服したとき、人は、生まれ変わり、より良い自分と人生を自然に叶えているものですが、本当は、最初から、そうであってもよかったのです！

感謝をこめた「あとがき」
〝あなたのすべては、守られている！〟

辛い経験の中にさえ、尊い宝物がある☆
その価値に、人はちゃんと気づくもの

健康になったとたん、体が辛かったことや、生きることが困難で苦しんでいたことを忘れてしまうことがあります。

しかし、健康をキープできるようになったときほど、体をいたわり、心をいたわり、魂に優しい生き方を思いやってみることが大切です。

〝元気なときにも、自分をかばう〟
そんな優しさを日常的に持つことが誰にとっても必要なのかもしれません。

体や心が、何かをそっと教えてくれているときに、素直にそれに対応することで、自分を救えるし、おかしなことにならなくてすみます。

生きていてこそ、好きなこともできるし、大切な家族や仲間のところにも、いられるし、今世、地上に降りてきた自分のミッションを果たせる！

さて、どんなに無理する人を止めようにも、その人が勝手に動きまわったのでは、神様も止めようがありません。

だからこそ、いえることは、自分を追いつめるのは、まわりの人や環境ではなく、〝自分自身〟だったということです。

その教訓のおかげで、私はいま、心と体と魂に優しい生き方を、より自分らしく楽にいられる人生を、叶えられるようになりました。そして、ここへたどり着くまでのすべての途中経過が正しく、宇宙はパーフェクトに私のすべてを導いていたと、わかりました。その大きなる慈愛の力とやり方には、ただただ感謝しかありません。

さて、私の辛い経験が、他の誰かを癒せるものになるのならばと、この本を書きました。ひとりでも多くの方の癒しと励みになれたら幸いです。

ありがとうございます。

著者　佳川　奈未

《佳川奈未　最新著作一覧》

★☆★☆　本当に良いものをあなたに☆　ビジネス社の本　★☆★☆

『宇宙は「現象」を通してあなたに語る』　ビジネス社
『あなたの願いがいきなり叶う☆「ヴォイドの法則」』　ビジネス社
『自分の病気は、自分で治す！』　ビジネス社

★☆★☆　幸せに豊かに“いい人生”を叶える　PHP研究所の本　★☆★☆

《単行本》

『おもしろいほど願いがかなう心の持ち方』　PHP研究所
『手放すほどに受け取れる宇宙の法則』　PHP研究所
『あなたにとっての「正しい答え」を200％引き出す方法』　PHP研究所
『「運命の人」は探すのをやめると現れる』　PHP研究所
『恋愛革命』　PHP研究所
『「未来想定」でみるみる願いが叶う』　PHP研究所
『あなたの中のなんでも叶える「魔法の力」』　PHP研究所
『「強運な女」の心の持ち方』　PHP研究所
『望みのすべてを必然的に惹き寄せる方法』　PHP研究所
『ビバリーヒルズ☆スピリット　幸せに豊かになるシンプルな教え』　PHP研究所

《PHP文庫》

『運のいい女　悪い女の習慣』（書き下ろし）　PHP研究所・PHP文庫
『成功する女　しない女の習慣』（書き下ろし）　PHP研究所・PHP文庫
『ありがとうの魔法力』（書き下ろし）　PHP研究所・PHP文庫
『幸福感性』　PHP研究所・PHP文庫
『本当に大切なものはいつも目に見えない』　PHP研究所・PHP文庫
『佳川奈未の運命を変える言葉 200』　PHP研究所・PHP文庫
『すべてがうまくまわりだす「生き方の感性」』　PHP研究所・PHP文庫
『「みちひらき」の魔法』　PHP研究所・PHP文庫
『おもしろいほどお金を惹《ひ》きよせる心の持ち方』　PHP研究所・PHP文庫
『おもしろいほど願いがかなう心の持ち方』　PHP研究所・PHP文庫
『おもしろいほど「愛される女」になる魔法の法則』　PHP研究所・PHP文庫

★☆★☆　ここから幸運をひらく！ 幻冬舎のなみちゃん本　★☆★☆

《幻冬舎文庫》

『捨てればひろえる幸運の法則』　幻冬舎

★☆★☆　君への大切な贈り物　ポプラ社の本　★☆★

『『いじめ』は2学期からひどくなる！』　ポプラ社

★☆★☆　セルフパワーアップ！ フォレスト出版の本　★☆★☆

『あなたの中の『叶える力』を200％引き出す方法』　フォレスト出版

★☆★☆　自分らしくキラキラ☆　ダイヤモンド社の本　★☆★☆

『船井幸雄と佳川奈未の超★幸福論』　ダイヤモンド社

★☆★☆　スピリチュアル＆リアルな　ヒカルランドの本　★☆★☆

『願いが叶うスピリチュアルシークレット』　ヒカルランド
『宇宙銀行から好きなだけ♪お金を引き出す方法』　ヒカルランド

★☆★☆　キラキラなみちゃんの　マガジンハウスの本　☆★☆★

《単行本》

『幸運予告』（初めての語りおろし特別CD付／約40分収録）　マガジンハウス

『幸運Gift☆』《エイベックス歌手デビューCD付》　マガジンハウス
『富裕の法則』竹田和平＆佳川奈未　共著　マガジンハウス
『成功チャンネル』　マガジンハウス

★☆★☆　ありのままで素敵に生きる女性へ　WAVE出版の本　☆★☆★

『金運革命』　WAVE出版

★☆★☆　素敵な予感あふれる日常の贈り物　日本文芸社の本　☆★☆★

『マーフィー　奇跡を引き寄せる魔法の言葉』　日本文芸社
ジョセフ・マーフィー　著／　佳川　奈未　監訳

★☆★☆　好奇心あふれるトランスワールドジャパンの本　☆★☆★

『働かない働き方』　トランスワールドジャパン
〜好きなことして、楽しくリッチになる方法

★☆★☆　楽しくてためになる　講談社の本　なみちゃんシリーズ　★☆★☆

《単行本》

『自分で運命調整する方法』☆佳川奈未本人登場!DVD（52分収録）　講談社
『運のいい人がやっている気持ちの整理術』　講談社
『どんなときもうまくいく人の"言葉の力"』　講談社
『怒るのをやめると奇跡が起こる♪』　講談社
『あなたに奇跡が起こる！　心のそうじ術』　講談社
『「結果」は、自然に現れる!』　講談社

《講談社　＋α文庫》

『叶えたいことを「叶えている人」の共通点』　講談社／講談社＋α文庫
『怒るのをやめると奇跡が起こる♪』　講談社／講談社＋α文庫
『運のいい人がやっている「気持ちの整理術」』　講談社／講談社＋α文庫

★☆★☆　心と体と魂に優しいパワー・ブック☆　青春出版社の本　☆★☆★

『「いいこと」ばかりが起こりだす　スピリチュアル・ゾーン』　青春出版社
《高次元にアクセスするガイドブック》
『「約束」された運命が動きだす　スピリチュアル・ミッション』　青春出版社
《ハイヤーセルフが語る人生のしくみ》
『人生の教訓』☆大自然に習う古くて新しい生き方　青春出版社
《易経が伝える「幸福繁栄」の秘密》
『ほとんど翌日願いが叶う！　シフトの法則』　青春出版社
《望む現実に移行する☆魔法バイブル!!》
『ほとんど毎日運がよくなる！　勝負メシ』　青春出版社
《食べるだけで強運になる☆365日まるごと開運習慣》
『すべてを手に入れる最強の惹き寄せ「パワーハウス」の法則』　青春出版社
《もはや、「見る」だけで叶う！》
ミラクルハッピービブリオマンシー（書物占い）
『宇宙から「答え」をもらう☆シンボリック占い』　青春出版社
《永久保存版☆プチ鑑定本》
『たちまち、「良縁」で結ばれる「悪縁」の切り方』　青春出版社
《幸せな人間関係を叶える「光の法則☆》

※電子書籍、POD書籍、また、その他の情報は、
佳川奈未公式『奇跡が起こるホームページ』をご覧ください。
http://miracle-happy.com/

佳川 奈未（よしかわ　なみ）プロフィール

作家。作詞家。神戸生まれ。現在、東京在住。
株式会社クリエイティブエージェンシー会長。
心と体と魂に優しい生き方を創造する! 「ホリスティックライフビジョンカレッジ」主宰。

生き方・願望実現・夢・お金・恋愛・成功・幸運をテーマにした著書累計は、150冊以上。海外でも多数翻訳出版されている。アンドリュー・カーネギーやナポレオン・ヒルの「成功哲学」「人間影響心理学」、ジョセフ・マーフィー博士の「潜在意識理論」「自己実現法」などを30年に渡り研鑽。その学びと実践から独自の成果法を確立させ、「夢を叶える自己実現」「成功感性の磨き方」を通して、人々の理想のライフワークの実現に取り組んでいる。2008年4月には、ニューヨーク・カーネギー・ホールで公演。ニューヨーク・国連本部・UNICEF代表者とも会談。印税の一部を寄付し続けている。2009年2月、エイベックスより「幸運Gift☆」で作詞と歌を担当し、歌手デビュー。（デビュー曲はエイベックス&マガジンハウス夢のコラボCD付Book『幸運Gift』として発売）
執筆活動の他、ディナーショーや公演、講演、セミナー、個人セッション・音楽ライブ、ラジオ出演、音声配信番組などでも活躍。

精神世界にも精通しており、スピリチュアルなテーマを実生活に役立つ形で展開させるべく、潜在意識活性法や能力開発、願望実現などの各種講座を開催。講座や個人セッションには、カウンセラーやヒーラー、医師や経営者や著名人、海外からの参加者も多い。
臼井式レイキ・ヒーラー。エネルギー・ワーカー。ホリスティック・レイキ・マスター・ティーチャー。

著書に『宇宙は「現象」を通してあなたに語る』『あなたの願いがいきなり叶う☆「ヴォイドの法則」』（以上、ビジネス社）、『人生の教訓』『ほとんど翌日願いが叶う！　シフトの法則』『すべてを手に入れる最強の惹き寄せ「パワーハウス」の法則』（以上、青春出版社）など多数。

★佳川奈未公式オフィシャルサイト
『ミラクルハッピーなみちゃんの奇跡が起こるホームページ』
http://miracle-happy.com/

★心と体と魂に優しい生き方を創造する!
『ホリスティックライフビジョンカレッジ』HP
http://holistic-life-vision24.com/

★佳川奈未オリジナルブランドグッズ通販サイト
『ミラクルハッピー百貨店』HP
http://miraclehappy-store24.com/

★佳川奈未インスタグラム
https://www.instagram.com/yoshikawanami24/

★アメブロ☆佳川奈未公式オフィシャルブログ
『Miracle Happy』
https://ameblo.jp/miracle-happy-ny24/

《「商標権」「著作権」について》
◉佳川奈未の造語であり、キャッチフレーズであり、オリジナルブランドである「ミラクルハッピー」は、当社の「登録商標」です。
◉「MIRACLE HAPPY COLLEGE」は、佳川奈未主宰カレッジの名称であり、当社の「登録商標」です。正式に商標登録されています。
◉「ホリスティックライフビジョン」は、当社の「登録商標」です。
※上記は、法的権利を有するものです。

自分の病気は自分で治す！

2019年7月1日　第1刷発行

著　者　佳川 奈未
発行者　唐津　隆
発行所　株式会社ビジネス社
〒162-0805　東京都新宿区矢来町114番地
神楽坂高橋ビル5F
電話　03-5227-1602　FAX 03-5227-1603
URL　http://www.business-sha.co.jp/

〈カバーデザイン〉中村　聡
〈本文DTP〉茂呂田剛（エムアンドケイ）
〈印刷・製本〉モリモト印刷株式会社
〈編集担当〉本田朋子〈営業担当〉山口健志

ISBN978-4-8284-2109-4